主体性を育む 学びの型

自己調整、探究のスキルを高めるプロセス

木村明憲
AKINORI KIMURA

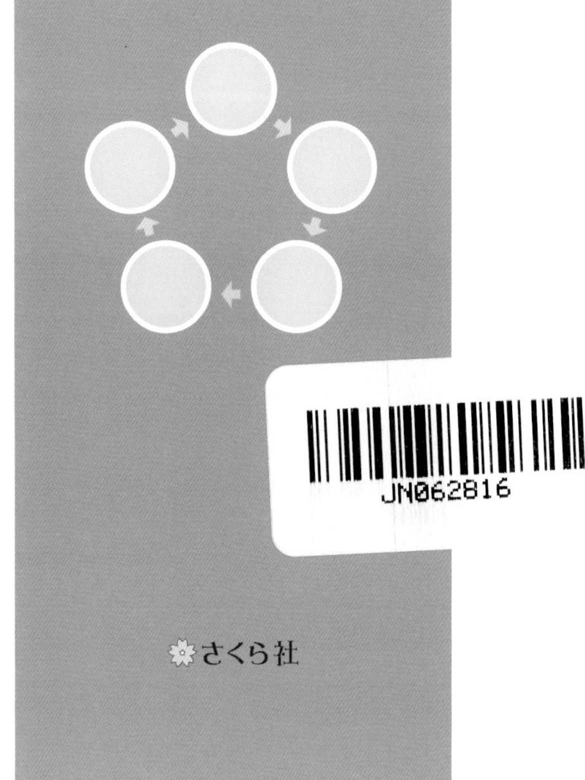

さくら社

はじめに

今日の学校教育では，子どもたちが主体性を発揮して学ぶことが重要視されています。しかし，全ての子どもたちがそのような学びに至ることは難しい現状にあることも事実です。これは，現場で働く先生方に「主体的･対話的に学ぶ授業のイメージをもつことができない」「主体的・対話的に学ぶ授業・単元の設計方法が明らかではない」「主体的・対話的に学ぶ力をどのように育成すればよいのかが明らかではない」といった悩みや課題があるからではないでしょうか。

これらの悩みや課題を解消するためには，子どもたちが主体性を発揮して学ぶための学びの道筋（学習プロセス）を明らかにするとともに，そのプロセスの中で，子どもたちが自ら学習を進めていくことができる力（学習スキル）を発揮できるような授業を行っていく必要があります。

日本では，1996 年の中央教育審議会答申で「生きる力」の育成が示されて以来，子どもたちが自ら考え，自ら行動し，主体的に学びを進めることを目指し，教育改革が行われてきました。そして，2017 年に告示された学習指導要領では，子どもたちの資質・能力を育成し，これらの力を高めるために「主体的・対話的で深い学び」の実現に向けた授業改善が示されました。

このような学びを実現するために，学習指導要領では，資質･能力を 3 つの柱「知識･技能」「思考力・判断力・表現力等」「学びに向かう力･人間性等」に整理するとともに，学習の基盤となる資質・能力として「言語能力」「情報活用能力」「問題発見･解決能力」を示しています（図 1）。

これらの変革は日本の教育課題を解決することをねらいとして示された変革であるとともに，世界的な教育の動向も影響していると考えられます。今日，諸外国では，子どもたちのコンピテンシーやスキルを高め，子どもたちが主体性を発揮して学習を進めていけるようになることが重要視されています。

これは，OECD（経済協力開発機構）の DeSeCo プロジェクトで提唱された「道具（言語，知識，情報，ICT など）を相互作用的に用いる」「異質な人々からなる集団で相互に関わりあう（協働，対話）」「自律的に行動する（主体性，自己調整）」といった「キー・コンピテンシー」が重要視されたことによって生じた改革・変化であると考えられます。そして，OECD では「OECD Education 2030」として，子どもたちが今後，世界を切り拓いていくために，「どのような知識やスキル，態度及び価値が必要

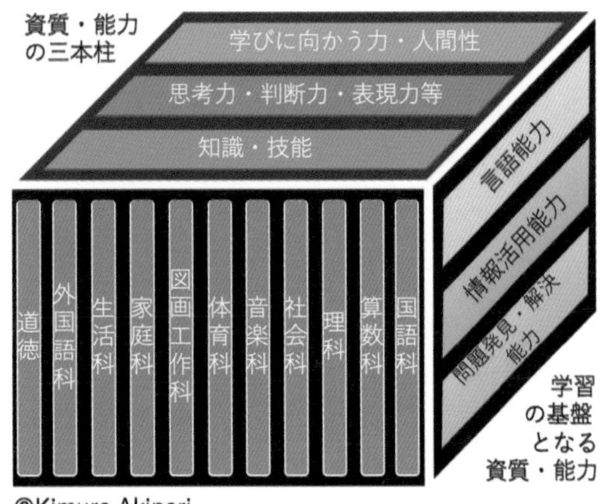

図 1　主体的・対話的で深い学びの実現と資質・能力

か」，また，学校や授業の仕組みを「どのようにして変革していけば良いのか」について検討が進められています。（図２）

このような流れを踏まえ，本書では，子どもたちが「キー・コンピテンシー」すなわち「資質・能力」を発揮しながら学ぶために，学習プロセスの把握と学習スキルの育成に着目した「主体性を育む学びの型」を提案します。

私は，これまで小学校教員として働く中で「型」という言葉を「画一的である」「教師主導である」といったマイナスのイメージでとらえることが多かったように思います。しかし，日本の文化には，型があり，それを重んじることで先人からの知恵を継承しています。

例えば，茶道には，お茶を入れたり，お茶を出したりする一つ一つの動きや順序に決まりがあります。茶道を学ぶことで，これらの動きや順序を型として覚え，何度も繰り返す中から，それぞれの動きや順序に隠された「人をもてなす・人を敬う」という意味に気付くことができるのです。また，空手などの武道においても，何度も何度も繰り返し型を練習することで，体が自然と動くようになり，無駄のない，力強く美しい動きができるようになるのです。そして，茶道と同じように，型の動きや順序の意味に気づき，自らの型を形成していくことに繋がるのです。

これら「型」に対する考え方は，子どもたちが学校や家庭で学習する際にも通じることではないでしょうか。つまり，学習においても型があり，その型を何度も繰り返しながら学ぶことにより，学習の進め方や課題解決の仕方，見通しのもち方を身につけることができるようになると思うのです。

しかし，ただ型を守るだけでは，主体性を発揮した学びには到達しません。日本古来の言葉である「守破離」が示すように，型を守りながら学び方を習得し，習得した型を活用して学びを深め，自らの学習の型を形成してこそ，子どもたちが主体となっ

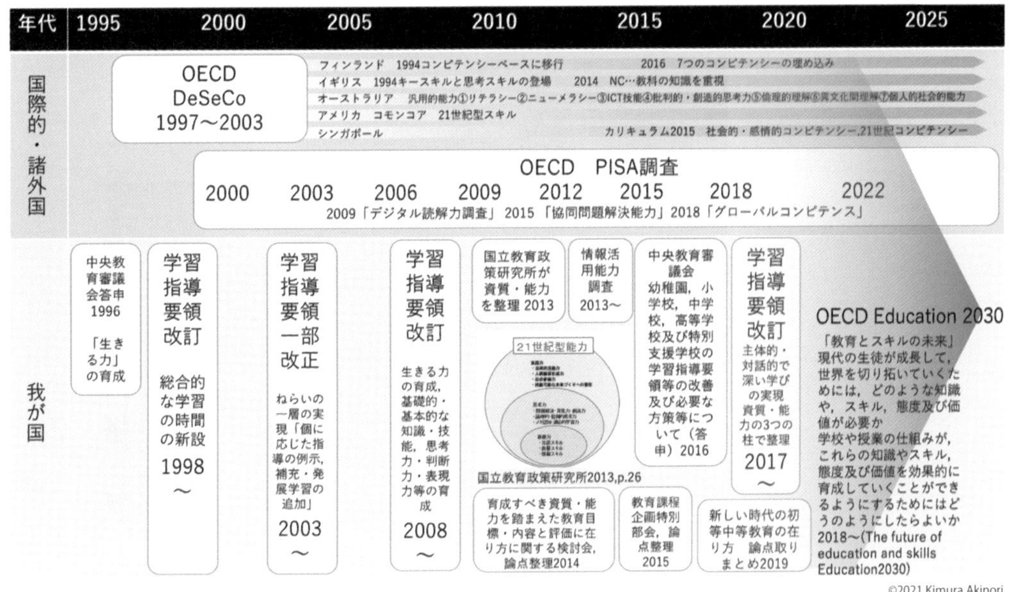

図２　国際的な教育の動向と我が国の教育改革

て学ぶ姿に行き着くのです。そして，このように習得した型は，学校における学習だけでなく，子どもたちが社会に出た後も，生きて働く力となり，社会生活の中で発揮され，より良く生きる力につながっていくのです。

本書では，子どもたちが主体性を発揮して学ぶための学びの型を提案します。ここで提案する「主体性を育む学びの型」は，子どもたちの学びの型であるとともに，教師の単元・授業づくりの型でもあります。この型を軸に，図3のような指導者と学習者の関係を構築することが，子どもたちが主体性を発揮する学びの実現につながります（第4章で詳しく解説します）。

子どもたちが学習を進める学びの型を習得し，自らの型を形成することを望むとともに，先生方が単元・授業づくりの型を習得・活用し，自らの型を築き上げられることを切に願っています。

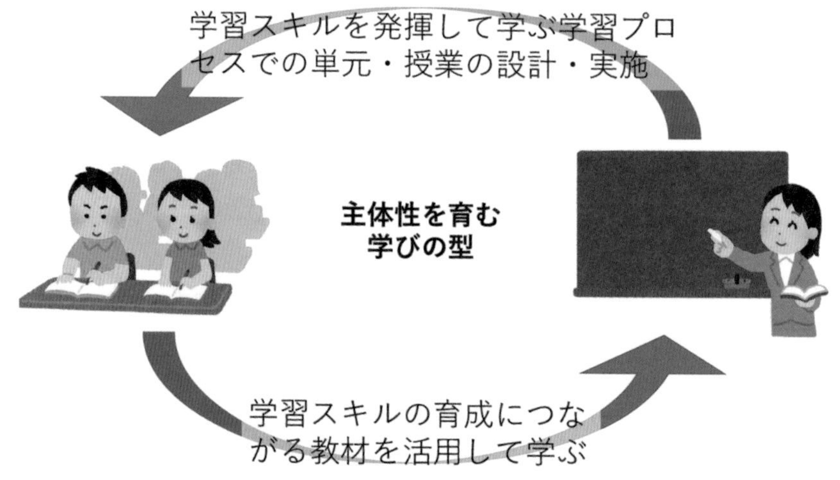

図3　「主体性を育む学びの型」における学習者と指導者の関係

文部科学省初等中等教育局教育課程企画室（2018）
OECT Education2030 プロジェクトについて，(2021,9,26
https://www.oecd.org/education/2030-project/about/documents/OECD-Education-2030-Position-Paper_Japanese.pdf 2022.3.24 確認)，

2022年　4月

木村明憲

主体性を育む学びの型──自己調整、探究のスキルを高めるプロセス　◉もくじ

序章
主体性を発揮する学習者を育てる「学びの型」

表１は本書で紹介する「主体性を育む学びの型」の全体像です。

「学びの型」には大きく二つの側面があります。一つは子どもたちが見通しをもったり，自ら学習を振り返ったりしながら学習を進めていく「自己調整」の側面です。

自己調整の側面では，主に子どもたちの「主体的な学び」を促すことにつながるプロセス・スキルを示しています。小学校学習指導要領（2017）では，「主体的な学び」が「学ぶことに興味·関心をもち，自己のキャリア形成の方向性と関連付けながら，見通しをもって粘り強く取り組み，自己の学習活動を振り返って次につなげる」学びであると示されています。また，中央教育審議会の「児童生徒の学習評価の在り方について（報告）」では，資質·能力の一つである「学びに向かう力・人間性等」を「主体的に学習に取り組む態度」として評価するものとし，それらの態度を評価する際に，「学習に関する自己調整に関わるスキルが重視される必要がある」とした上で「自らの学習状況を把握し，学習の進め方について試行錯誤するなど自らの学習を調整しながら学ぼうとしているかという意図的な側面を評価することが重要である」と示されています。

これらのことから，主体的な学びが，**「子どもたちが学習の見通しをもつこと」「学習状況を自ら把握し，進め方を試行錯誤すること」「学習を振り返り，次につなげること」**といった自己調整的な学習が重要であることがわかります。そのような理由から「主体性を育む学びの型」の一つ目の側面に自己調整学習の理論を基にした，自己調整の側面を設定することにしました。

表１『主体性を育む学びの型』の全体像

自己調整	自己調整プロセス	見通す		
	自己調整スキル	目標設定	計画立案	
探究	探究プロセス	課題の設定		
	単元縦断型プロセス	問いを見出す	解決策を考える	
	情報活用スキル	課題設定	計画	
	思考スキル	広げてみる 分類する 順序立てる 焦点化する	順序立てる 見通す	

次に，もう一つの側面として，子どもたちが課題・問題を，自らの力で解決・達成していく「探究」の側面を設定しました。

探究の側面では，主に子どもたちの「対話的な学び」を促すことにつながるプロセス・スキルを示しています。学習指導要領では，「対話的な学び」を「子供同士の協働，教職員や地域の人との対話，先哲の考え方を手掛かりに考えること等を通じ，自己の考えを広げ深める」学びであると示されて

実行する						振り返る		
1時間ごとに以下の3つの段階で，自己調整スキルを発揮する。						自己評価	帰属	適用
＜見通す＞ 目標設定・計画立案 **＜実行する＞確認・調節** ＜振り返る＞自己評価・帰属・適用		＜見通す＞ 目標設定・計画立案 **＜実行する＞確認・調節** ＜振り返る＞自己評価・帰属・適用		＜見通す＞ 目標設定・計画立案 **＜実行する＞確認・調節** ＜振り返る＞自己評価・帰属・適用				
情報の収集		整理・分析		まとめ・表現		振り返り		
収集する	関連付ける	吟味する	考えをつくる	価値を創造する	発信する	振り返る		
収集	整理	分析	表現	創造	発信	評価	改善	
関係付ける	関連付ける 比較する	多面的にみる 分類する	理由付ける 抽象化する 構造化する	要約する 価値付ける 具体化する	順序立てる 理由付ける	評価する 変化をとらえる	理由付ける	応用する

います。このように子どもたちが他者と会話したり，書籍や資料を読んだりして他者や自分と対話するためには，**探究的な学習の流れの中で課題を持ち，情報を収集し，整理・分析することを通して生じた考えをまとめ・表現することが必要である**と考えられます。このことから，「主体性を育む学びの型」のもう一つの側面として，「探究」の側面を設定することにしました。

ここで提案する「主体性を育む学びの型」とは，「主体的・対話的で深い学び」の実現をめざした型でもあるということです。つまり，提案する型の「主体性」とは，主体的な学び，対話的な学び，深い学びが実現することによって生まれる学習者（子どもたち）の学びの姿なのです（図 1）。

このような学びの姿に至るために，「主体性を育む学びの型」を自己調整と探究に分けた３つの学習プロセスと，それらに対応する３つの学習スキルとして示しています。これらはいずれも教師が授業・単元づくりをする際や指導・支援をする際に，また学習者（子どもたち）が学習の道筋を明らかにし（見通し），自ら学習を進める際に有効です。

「自己調整」の側面に示された自己調整プロセスと自己調整スキルの関係は，「見通す」プロセスで「目標設定」「計画立案」のスキルを育成・発揮するという関係にあります。

「探究」の側面に示された探究プロセス，

単元縦断型プロセスと，情報活用スキル，思考スキルの関係は，探究プロセスの「課題の設定」プロセスが，単元縦断型プロセスの「問いを見出す」「解決策を考える」プロセスに対応し，それは同時に情報活用スキルの「課題設定」「計画」スキルと，思考スキルの「広げてみる」「分類する」「順序立てる」「焦点化する」「順序立てる」「見通す」スキルを育成・発揮するという関係にあります。

このような関係を軸に，本書では，学習プロセスと学習スキル，そしてそれらを基にした学習活動について，順に解説をしていきます。

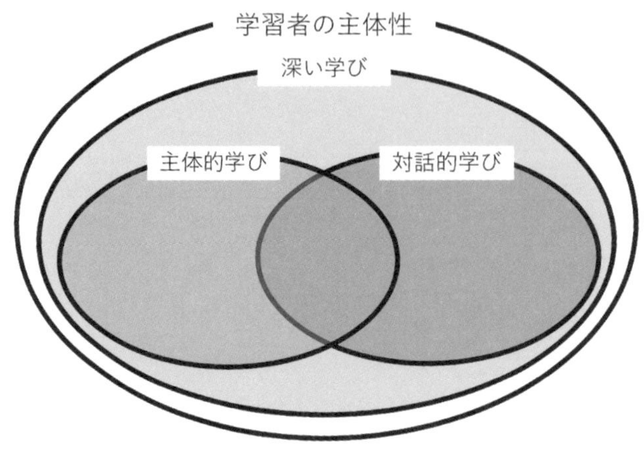

図１　学習者の主体性と「主体的・対話的で深い学び」の関係

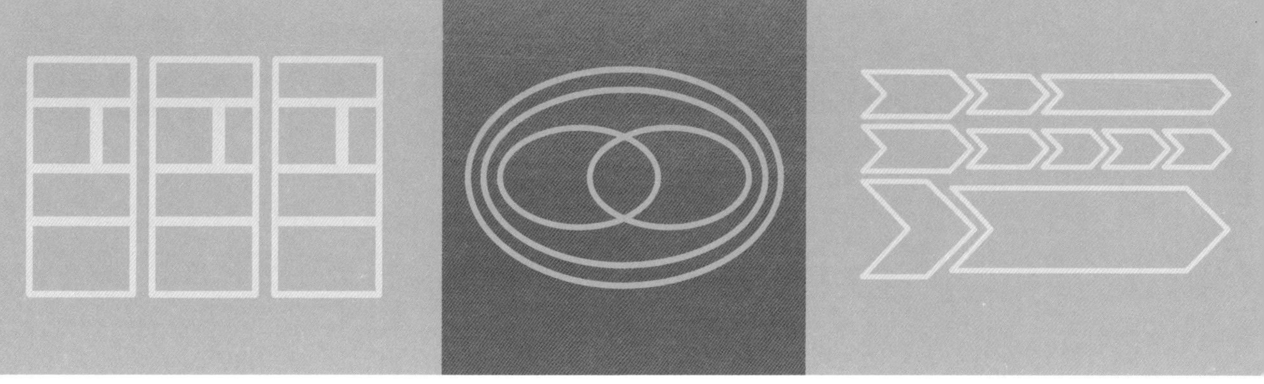

第1章

主体性を発揮する学習者になるための 学習プロセス

1 学習プロセスの把握

子どもたちが主体性を発揮して学びを進めるためには，教師が「主体性を育む学びの型（表１)」に示したプロセスを基に単元・授業を設計したり，子どもたちがこれらの学習プロセスを把握して自らの力で学びを進めようとしたりすることが大切です。全ての授業がこの型の順序で進むわけではありませんが，この型を「学びの基本」として把握することにより，型を柔軟に組み替え，主体性を発揮して学ぶことができるようになります。

子どもたちが主体性を発揮して学ぶ授業を実現するためには，教師と子どもたち（学習者）の双方が**学習プロセスの「型」を把握すること**がポイントとなるのです。

[教師における学習プロセスの型]

教師における学習プロセスの型とは，まず，教師がプロセスを理解し，そのプロセスで１つの教科を指導することができるようになることです。次に，これらのプロセスを様々な教科・領域に発展させ，それぞれの教科・領域に合った形に変えることができるようになることです。最後に，身につけたプロセスを自分が最も指導しやすい形に変え，様々な教科・領域の授業はもちろん，学校生活の様々な場面の指導に波及させていけるようになることがプロセスの型の習得につながるのです。

[子どもたちにおける学習プロセスの型]

子どもたちにおける学習プロセスの型は，まず，子どもたちが探究プロセスを基にした「課題をもつ」，情報を「集める」「整理する」「まとめる」「伝える」と自己調整プロセスである「見通す」「実行する」「振り返る」を把握し，１つの教科もしくは，家庭での自主学習で自ら学習を進めることができるようになることです。

その際の導入方法として，探究プロセスを単元の流れ，自己調整プロセスを１時間の授業の流れとして，２つを区別して伝えることで混乱を防ぎます。そして，子どもたちの理解が深まってきた際に，自己調整プロセスが単元の流れにおいても重要であることを伝えます。また，単元縦断型プロセスは，子どもたちにとって理解することが難しいプロセスであるため，探究プロセスを十分に習得した後に，探究プロセスの発展版として子どもたちに示すことが効果的であると考えます。

プロセスを理解し，ある教科で指導できるようになる。

▼

他の教科・領域の単元・授業に発展させる。

▼

波及させる。

図 1-1　プロセスの型の習得過程（教師）

プロセスを把握する。

▼

学校での授業や家庭での自主学習をこれらのプロセスで取り組む。

▼

学校生活の様々な場面に活かす。

図 1-2　プロセスの型の習得過程（子ども）

次に，子どもたちが理解したプロセスを他の教科・領域で応用し，自ら学びを進めることができるようになることです。最後に，身につけたプロセスを自分が最も学びやすい「型」につくり変え，様々な学習や学校生活・日常生活に活かしていけるようになることがプロセスの型の習得につながるのです。

本書では，子どもたちが主体性を発揮して学びを進めるために「自己調整プロセス」「探究プロセス」「単元縦断型プロセス」の３つのプロセスを型として提案します。学習プロセスの型を基に，それぞれのプロセスには，「どのような段階があるのか」「それぞれの段階では，どのような活動をどのような目的で行うのか」などの問いをもちながら本書を読み進めていただけたら幸いです。

表 2-1 は「自己調整」「探究」「単元縦断型」の各プロセスの関係を示した表です。主体性を育む学びの型では，これらプロセスの関係を表 2-1 のように捉えます。

自己調整プロセスは，主体的な学びの実現に向けた「学習の見通しをもつ」「自らの学習状況を把握しながら学習を実行する」「学習を振り返り次の学習に活かす」の３つのプロセスで構成されます。

探究プロセスは，対話的な学びの実現に向け，子どもたちが課題を基に探究的に学びを進めることに重点が置かれるため，「課題の設定」「情報の収集」「整理・分析」「まとめ・表現」「振り返り」の５つのプロセスで構成されます。

そして，単元縦断型プロセスは，深い学びの実現に向け，学習指導要領（2017）に示された深い学びの視点を基に，探究プロセスを詳細化した９つのプロセスで構成されます。

ここでは，これらの一つひとつのプロセスの詳細について解説していきます。

表 2-1　学習プロセスの型

自己調整プロセス	見通す		実行する						振り返る
探究プロセス	課題の設定		情報の収集		整理・分析		まとめ・表現		振り返り
単元縦断型プロセス	問いを見出す	解決策を考える	収集する	関連付ける	吟味する	考えをつくる	価値を創造する	発信する	振り返る

Ⓐ 自己調整プロセス

子どもたちが主体性を発揮して学ぶためには，自らが学習を調整しながら学ぶことができるようになることが大切です。調整するとは，「学習の目標を設定し，計画を立てる」「目標の達成を目指し，学習を確認し，調節すること」「学習を評価し，評価結果の理由を考え，次に活かす」ことです。学習者が自らの学習を調整するには，自己調整

表1A-1　自己調整プロセスの型

	見通す	実行する	振り返る
自己調整プロセス	・目標を設定する ・学習計画を立てる	・学習の状況を確認する ・確認したことを基に学習を調節する	・学習を評価する ・評価結果の理由を考える ・次の学習に活かせることを考える

プロセスで，自己調整スキルを発揮しながら，学びを進める必要があります。

SCHUNK and ZIMMERMAN (1998) は，「学校生活の中で自分の行動を調整することができる子どもは，学業達成が高い傾向にあり，発達面でポジティブな特徴を有している」とした上で，そのように調整することができるようになるために，自己調整プロセスの発達をよく理解する必要があると示しています．そして，SCHUNK and ZIMMERMAN (1998) は自己調整学習のプロセスを「Forethought」「Performance/volitional control」「Self-reflection」と記しています。また，日本では，伊藤（2009）が，自己調整学習のプロセスを「予見」「遂行」「自己省察」と訳しています。本書では彼らが示したプロセスを学校での単元・授業に当てはめ，子どもたちにもわかる文言にするために「予見→見通す」「遂行→実行する」「自己省察→振り返る」として示すことにします。

見通す

「見通す」は，単元の最初の時間や1時間の授業の導入の段階に当たることがほとんどです。ここでは，まず，子どもたちが課題を基に，単元の目標（長期目標）や 1 時間の授業の目標（短期目標）を設定します。目標を設定する際は，その単元や時間において「頑張りたいこと」「達成したいこと」といった視点で考えると目標が設定しやすくなります（本書では，「課題」を教科書や教師などから提示され，教科の目標達成につながるものとし，「目標」を子どもたちが自ら導き出した問いを基に追究していきたいものとして設定するもの，とします。詳しくは探究プロセスの「課題設定」参照）。

そして，それらの目標を達成するために，その単元やそれぞれの時間を「どのような方法で」「どの程度の時間配分で」取り組んでいくかといった解決策を考え，学習の計画を立てる活動を行います。

実行する

「実行する」は，「見通す」で明らかになった課題・目標や計画を基に，課題解決・目標達成に向けて活動するプロセスです。「実行する」には，1 時間の授業ごとに，「見通す」「実行する」「振り返る」の小さな自己調整プロセスが存在します（図1A- 1）。

「実行する」プロセスの「見通す」では，単元 / 本時の課題（長期 / 短期課題）や単元の目標（長期目標），前時の振り返りなどを確認しながら，本時の目標（短期目標）を立て，学習の見通しをもつ活動を行います。次に，「実行する」では，課題の解決と自らの目標達成に向け，学習する範囲を決め，学習を進めながら学習方法・方略や時間配分などを確認し，必要に応じてそれらを変更し，学習方法や時間配分を変更し，

図1A-1　見通す・実行する・振り返るのプロセスのイメージ図

学習を調節しながら学習を進めます。最後に「振り返る」では，その時間の目標と学習の結果を比較して，「うまくいったこと」「うまくいかなかったこと」を考え，「なぜそのような結果になったのか」という理由や原因を明らかにします。そして，次時の学習で活かせることを明確にするのです。

振り返る

「振り返る」は，単元の課題・目標（長期課題目標）と学習結果を比較して「うまくいったこと」「うまくいかなかったこと」を考えます。そして，なぜ，そのような結果になったのかの理由や原因を明らかにし，その単元で導き出した改善案を，次の単元や他の教科の学習へ引き継ぐのです。

本書では「見通す」「実行する」「振り返る」のプロセスを「自己調整プロセス」とし，これらのプロセスを循環させることで，学習者が主体性を発揮して学習を調整しながら進めることができるようになると考えています（図 1A-2）。

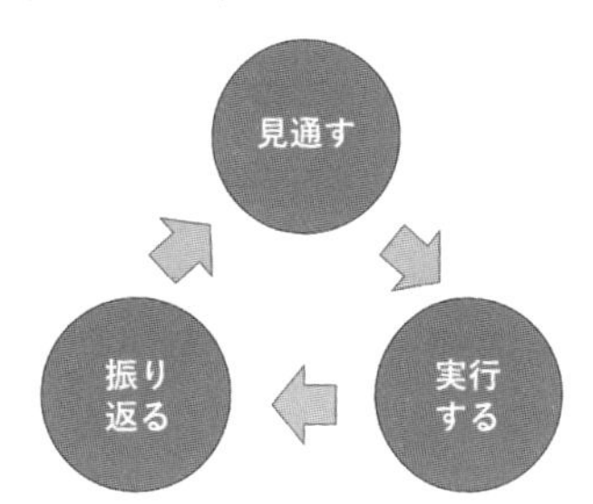

図 1A-2　自己調整プロセスのサイクル

B 探究プロセス

探究のプロセスは，「課題の設定」「情報の収集」「整理・分析」「まとめ・表現」「振り返り」です。デューイ，J（1938）は，学習者の経験の連続性が重要であると示しており，上記の探究プロセスを繰り返すことは，まさに，子どもたちの経験が連続することを意味しています。また，『小学校学習指導要領解説　総合的な学習の時間編』では，探究プロセスを意識した学習に取り組んでいる児童生徒ほど，全国学力・学習状況調査の分析等において，各教科の正答率が高い傾向にあることが明らかになっていると示しています（文部科学省 2017b）。すなわち，探究プロセスが連続するような単元・授業を構築することにより，子どもたちの探究的な経験が連続し，主体的・対話的な活動から深い理解が生じる学びが実現するのではないかと考えられます。

探究プロセスが連続するような単元・授業を構築するには，「課題の設定」が重要となります。学習者の興味を掻き立てる課題を提示することで，課題解決に対する学習意欲が高まります。そして，高まった意欲を原動力として課題解決に取り組むことで，子どもたちが主体性を発揮して課題を解決しようとしたり，新たな問いを見出し，次の探究プロセスにつなげていったりする姿に行き着くのです。（木村ほか 2020）

それでは，探究プロセスのそれぞれのプロセスをどのように捉え，単元を構築していけばよいかについて，プロセスごとに解

表 1B-1　探究プロセスの型

	課題の設定	情報の収集	整理・分析	まとめ・表現	振り返り
探究プロセス	・単元の課題から問いを見出す ・解決策を考え，学習計画を立てる	・課題を解決し，目標を達成するための情報を集める ・必要な情報を取り出す	・集めた情報を整理する ・整理した情報を比較・分類・総合したり多面的に見たりして分析する	・整理・分析した情報を相手や目的，意図に応じてわかりやすくまとめ，表現する	・学習方法・進め方を振り返り，次の学習や生活に活かす

説していきます。

課題設定

「課題設定」では，単元の課題から，子どもたちが解決したい問いを見出し，単元目標である長期目標を明確にします。そして，どのように課題を解決し，目標を達成するのかという解決策を考え，学習の計画を立てます。

ここで，“課題”“問い”“目標”について整理しておきます。

“課題”とは，教科・領域の目標であり解決すべき事柄です。したがって課題を，子どもたちが決めるのではなく，教科書や教師など他者から提示されるものとします。

“問い”は，学習者が課題を基に「追究したい」「調べてみたい」「解決したい」と思うことです（“問い”は“問題”と表現されることもあります）。

“目標”は子どもたちが課題や問いを解決するために「頑張りたい」「目指したい」「達成したい」と思うことです。したがって“問い”“目標”は子どもたちが課題を基に考え，設定するものとします。

また，このプロセスでは，解決策を考え，学習の計画を立てます。解決策とは，どのような方法で「課題を解決するのか」「目標を達成するのか」を考えることです。そして，

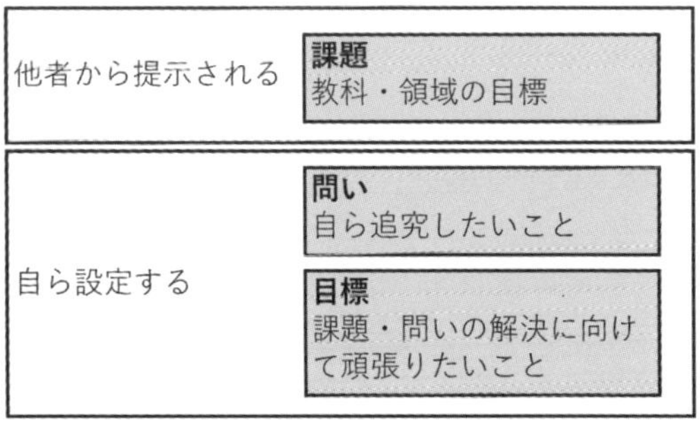

他者から提示される	**課題** 教科・領域の目標
自ら設定する	**問い** 自ら追究したいこと **目標** 課題・問いの解決に向けて頑張りたいこと

図 1B-1　課題・問い・目標についての本書における言葉の整理

解決方法を明確にした上で，解決の順序や時間配分を考え，学習の計画を明らかにするのです。

情報の収集

「情報の収集」は，課題の解決や，目標の達成をめざして情報を集めます。情報を集める方法には，実物を観察する，実験するなど，自らが主体となって情報を集める方法と書籍・インターネットなど他者が記述したものを読解して情報を集める方法があります。

どちらの方法でも，見つけた情報を全て集めていくわけではなく，課題の解決や目標の達成につながる情報は何かを考えながら，必要な情報だけを取り出していく必要があります。したがって，このプロセスは，課題の解決，目標の達成に向けて適切な方法を選択し，必要な情報を取り出すとともに，それらの情報をノートに記述したり，データとして保存したりするプロセスにあたります。

整理・分析

「整理・分析」は，まず，「情報の収集」プロセスで集め，取り出した情報を整理します。整理するとは，集めた情報と情報，情報と自らが持ち合わせている知識との関連を考え，グループ化することです。次に分析するとは，グループ化された情報を比較し，共通点や差異点を明らかにしたり，分類して類似する情報の集まりをつくったりして，整理した情報についての理解や考えを深めていくことです。したがって「整理・分析」のプロセスは，学習者が集めた情報について理解し，考えを深めるためのプロセスであると言えます。

まとめ・表現

「まとめ・表現」は，整理・分析された情報を，伝えたい相手に伝わるように目的を明確にしてまとめたり，表現したりするプロセスです。本書では「まとめ」を，レポートや新聞，文書資料，プレゼンテーション資料などに書く行為と考えます。また，「表現」を，資料などにまとめたものを提示しながらプレゼンテーションをしたり，劇や音楽などで伝えたりする行為として考えます。したがって，「まとめ・表現」のプロセスは，自らの考えを他者に理解してもらうために行うプロセスであると言えます。

振り返り

学習指導要領等に示されている探究プロセスには「振り返り」のプロセスは示されていませんが，本書では，学習者が自らの学習を見つめ直し，次の学習に活かすことが重要であると考え，このプロセスを設定しました。「振り返り」のプロセスでは，課題・目標と学習結果を比較し，課題が解決したか，目標が達成されたのかを振り返ります。

そして，「振り返り」の活動を通して明らかになったことから，今後の学習・日常生活で活かせることを考えます。子どもたちはこのプロセスで明らかにした活かせることを，同じ教科の次の単元や，他教科の学習，日常生活に波及させ，主体性を発揮して学ぶ力を高めていくのです。

本書では「課題の設定」「情報の収集」「整理・分析」「まとめ・表現」「振り返り」のプロセスを「探究プロセス」とし，これらのプロセスを循環させることで，学習者が主体性を発揮して学習を進めることができるようになると考えています（図 1B-2）。

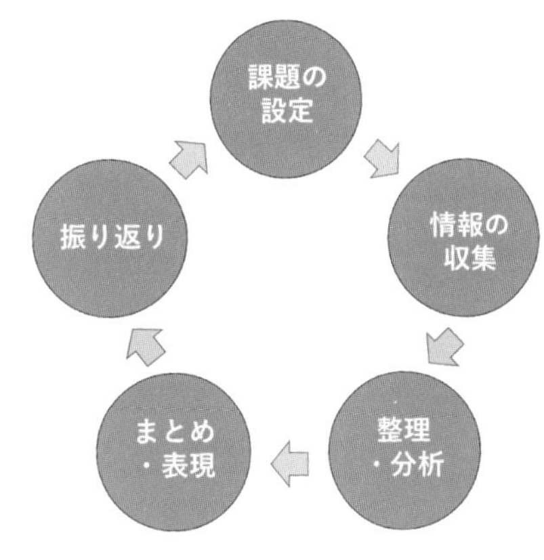

図 1B-2　探究プロセスのサイクル

C 単元縦断型プロセス

「単元縦断型プロセス」とは，子どもたちが教科学習において深い学びを実現し，主体性を発揮して学ぶためのプロセスです。

学校での学習は，国語科や社会科，算数科，理科などの教科学習が主として行われます。

教科学習にはそれぞれの教科で身につけるべき目標があります。「単元縦断型プロセス」は，子どもたちが主体性を発揮しながら，

表 1C-1　単元縦断型プロセスの型

単元縦断型プロセス	問いを見出す	解決策を考える	収集する	関連づける	吟味する	考えをつくる	価値を創造する	発信する	振り返る
	課題から問いを見出す	課題の解決策を考え，課題解決・目標達成にむけた学習計画を考える	課題を解決し，目標を達成するための情報を集める	必要な情報を取り出し，情報と情報，情報と知識を関連付ける	関連付けた情報を教科の見方・考え方で吟味し，多面的に捉える	吟味した情報から考えたこと（考察）を組み合わせ考えをつくる	創り出した考えを組み合わせ，新たな価値を創造する	創造した価値を他者に発信する	学習方法・進め方を振り返り，次の学習や生活に活かす

教科の目標を達成することができるような授業を設計するために開発したプロセスです。そのために，学習指導要領に示された深い学びの視点を基に探究プロセスを詳細化して開発しました。教科学習はたいてい，「単元」で構成されています。しかし，学校では，時間割の都合上，単元の授業をはじめから終わりまで一度に学ぶことができません。そのため，子どもたちの頭の中で単元の学習が１時間ごとに分断され，繋がりが意識されにくくなってしまうことがあります。単元縦断型プロセスは，そのような分断を防ぎ，子どもたちが見出した問いを追究することを通して１時間１時間の授業をつないでいくプロセスなのです。

次に，「単元縦断型プロセス」の一つ一つのプロセスについて解説していきます。（木村 2020）（木村，黒上 2021）

問いを見出す

「問いを見出す」では，〈問いを考える〉活動と〈問いをつくる〉活動を行います。問いを考える活動では，課題を基に「なぜだろう？」「どうしてだろう？」「いつだろう？」「どこだろう？」などの疑問に思うことを広げていきます。子どもたちがたくさんの問いを思いつくためには，教師が実物や資料を提示したり，子どもの興味を引くような話をしたりして，問いを見出しやすくする必要があります（図 1C-1）。また，単元の初めにその単元で解決すべき課題を提示し，その課題を基に問いを考えることも効果的です。

次に，〈問いをつくる〉活動では，子どもたちが考えた問いを共有し，その単元の学習内容に準じ，子どもが追究していきたいと思う問いを創り出します。〈問いをつくる〉活動を個人で行う際は，まず，〈問いを考える〉活動で考えた問いを分類し，それぞれに分類名をつけます。分類ごとに教科の課題解決や単元の目標達成につながる問いになっているかを Yes or No で検討します。そして，Yes と判断した問いからこの単元で追究したい問いを選択し，解決したい順に優先順位をつけるとよいでしょう（図 1C- 2）。

このような活動をすることで，重複している問いが見つかったり，複数の問いを同時に解決することができたりすることに気づくことができます。また，グループや学級で行う際は，一人一人が追究したい問いを出し合い，どのようなことを追究したい

図 1C-1　課題につながる図から，問いを導き出した PC 上のカード

画像は光文書院『社会科資料集 6年』より
左：日本橋近くの様子（江戸時代末ごろ）：（早稲田大学図書館所蔵 “Le Japon illustré” より「幕末の日本橋」）
右：日本橋近くの様子（明治時代初め）：東京ガスネットワーク ガスミュージアム所蔵「東京駿河町国立銀行繁栄図（錦絵）」

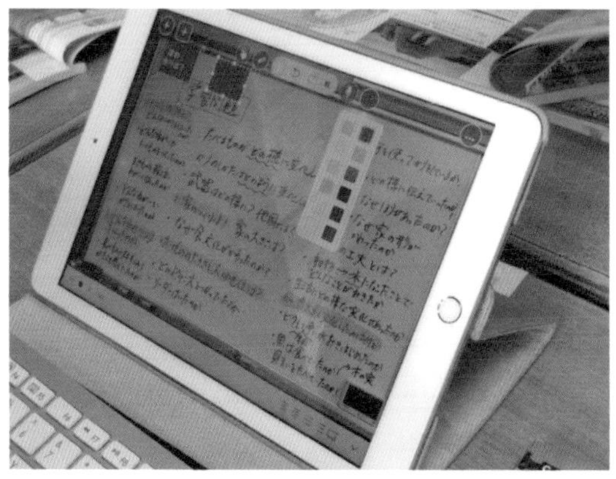

図 1C-2　自らが追究したい問いを選択している様子

のかを議論することが効果的です。議論する際は，個人のときと同じように出し合った問いを分類し，グループ名をつけ，グループごとに問いを検討します。グループで問いについての議論をする際は，似ているものを結びつけて一つの問いをつくったり，教科目標の達成に当てはまらないものを削除・修正したりして，問いを検討するよう支援します。

子どもが問いをつくると，単元の課題からズレることがあります。教科学習では，問いについての追究活動を行うことで，教科の目標が達成される必要があります。子どもの考えた問いが，単元の課題からズレているときは，子どもが興味をもったことを認めた上で，その問いを追究することが，課題解決につながるのかについて考える時間を設定する必要があります。

解決策を考える

「解決策を考える」では，「問いを見出す」プロセスでつくった問いを基に，学習計画をつくります。学習計画は，学級で統一された書式（フォーム）を作成し，そのフォームに則りながら子どもたち一人一人が自らの計画を明らかにしていく必要があります。子どもたちに配付するフォームは，「単元の設定時間」「大まかな学習の流れ（情報を集める時間，情報を整理する時間など）」「本時の課題」「本時の課題を解決することに繋がる学習方法と活動時間を書くための枠」「本時の目標や振り返りを書くための枠」などが示された学習計画表（本書では「レギュレイトフォーム」とします）を作成し配付することをお薦めします。このような共通のフォームを基に学習計画を考えていくことで，自分の計画と他者の計画を比較することを通して，より良い学習の計画を立てることができるようになっていくのです。

図 1C-3　情報活用スキルカードを参考にしながらタブレット PC に学習計画を入力している様子

子どもたちが学習の計画を考える際には，「本時の課題を解決することにつながる学習方法･方略と活動時間を書く枠」に学習方法･方略と活動時間の目安を記述します。**子ど**

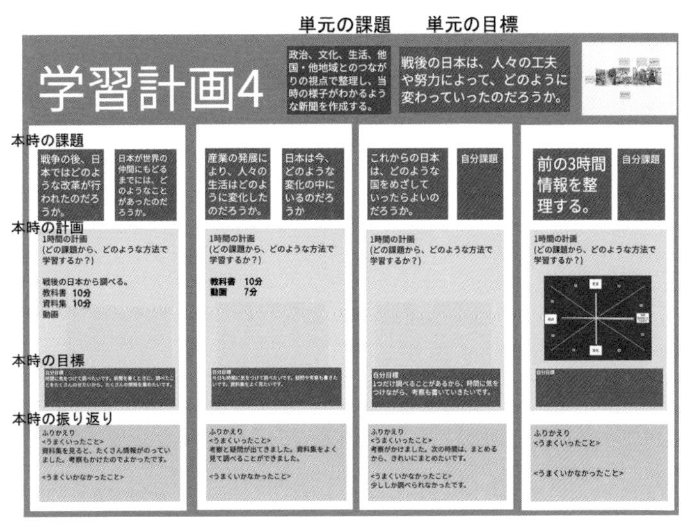

図 1C-4　学習計画の図

もが学習の計画を立てることに慣れていないときは，フォームに見本となる学習の計画が記入されたレギュレイトフォームを配付したり，学習方法・方略を選択することができるように情報活用スキルカードを参照したりするように支援することが効果的です。

子どもたちが個別で学習の計画を考え，完成した後は，それぞれの計画を共有し，他者の計画と自分の計画を比べ，計画に無理がないか，抜け落ちているところはないかを確認し，必要に応じて修正します。その際に，タブレットPC で学習計画を作成すると，他者との共有を容易に行うことができます。

収集する

「収集する」プロセスでは，〈情報を集める〉活動と〈必要な情報を選ぶ〉活動を行います。

〈情報を集める〉活動は，教科によって特徴があります。例えば，国語科では，書籍・辞書等での調べ方や，アンケート・インタビューの仕方など，情報の集め方について学ぶ単元があります。それらの単元では情報の集め方を学ぶために指定された方法を実践して，情報を集めていきます。社会科では，社会見学に行って実物を見たり，働いている人の話を聞いたり，教科書や資料集，インターネットの表やグラフ，絵図などの資料から情報を集めます。理科では，観察や実験を通して，実物や事象から情報を集めます。算数科では，グラフや表，問題文から情報を集めます。

このように教科の見方・考え方の違いによって情報を集める方法に特徴があるので，教師はこのような特徴を把握した上で，情報の集め方についての指導・支援を行う必要があるのです。

図 1C-5　教科書から情報を集め，必要な情報をタブレットPC に書き出している様子

図 1C-6　実験の様子を撮影し情報を収集している様子

〈必要な情報を選ぶ〉活動では，様々な方法で集めた情報から，課題の解決につながる情報を選びます。例えば，理科の実験で考えると，実験結果をノートなどに記録します。この活動が〈情報を集める〉活動です。そして，記録したメモから，問いの解決につながる情報が何かを，選択することが〈必要な情報を選ぶ〉活動に当たります。また，社会科では，社会見学に行き，見学先の方の話をメモします。この活動が〈情報を集める〉活動です。そして，見学から帰った後に，メモを見直し，問いの解決につながる情報を選ぶ活動を行います。この活動が〈必要な情報を選ぶ〉活動に当たります。したがって，〈情報を集める〉活動の後には必

ず〈必要な情報を選ぶ〉活動を行うことになります。

このようなことを子どもが理解すると，情報を集めながら必要な情報が何かを考え，主体性を発揮して学習を進めることができるようになります。つまり，教師は情報を集める活動と集めた情報から必要な情報を選ぶ活動を区別して指導し，子どもたちが主体性を発揮して学習を進めていくことができるよう導いていく必要があるということです。

関連付ける

「関連付ける」プロセスでは，「情報を収集する」プロセスで集めた情報と情報を関連付けます。この場面でいう情報とは，前プロセスで収集した情報（書籍，インターネット，見学，実験などから集めた情報）…1と，頭の中にある知識や考え（今までに習ったこと，経験したこと，思ったことなど）…2です。

情報を関連付けるとは，「このことと，このことは同じかなあ」「これは，これとつながるなあ」「このことから，この疑問が解決するかな」と考え，情報（1）と情報（1），情報（1）と知識（2）を結びつけていくことです。その際に1と1について考えると「集めた情報と情報」の関連を考える活動になります。1と2について考えると「集めた情報と自らの知識」の関連を考える活動になります。これらの活動を通して，子どもたちは大きな情報のまとまりを形成します。そのまとまりに名前を付け，課題の解決に向けどのような情報を集めることができたかを明確にすることがこのプロセスの目的となります。

吟味する

「吟味する」プロセスでは，情報を「関連付ける」プロセスで関連付けた情報や知識を，再整理（吟味）します。吟味する際には，教科の見方・考え方の視点で，情報を多面的に見直す必要があります。多面的に見直すとは，学習指導案の本時案を書く際に，本時の流れを，「教師の見方・考え方」「児童・生徒の見方・考え方」「校内研究の見方・考え方」などに分けて書くことと同じです。これは，一つの学習活動を多面的に吟味することを通して，内容をより具体的に理解できるようにしているのです。情報を吟味するプロセスでは，子どもたちが関連付けた情報を，取り組んでいる教科の

図 1C-7　収集した情報と情報，収集した情報と知識を関連付けている様子

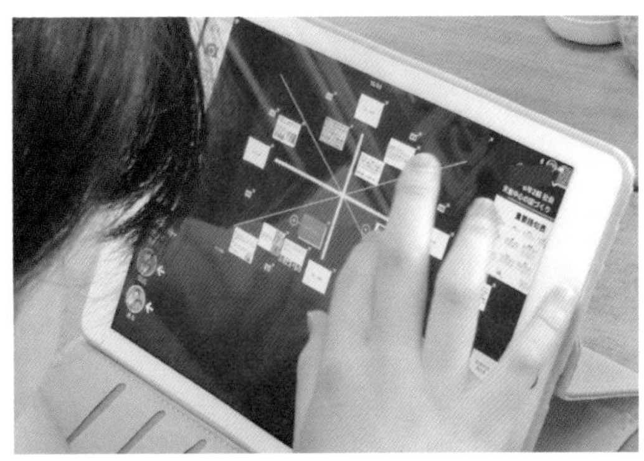

図 1C-8　関連付けた情報を社会科歴史学習の見方・考え方（政治文化，生活，他国・他地域とのつながり）で吟味している様子

学習プロセス

見方・考え方で再整理し，それらの情報を多面的に見ることによって，学習内容に対する理解を深めることにつながるのです。

考えをつくる

「考えをつくる」プロセスでは，自分の考えを創り出すことを目標として活動します。ここでいう「考え」とは，主張に対しての根拠や理由が示されているものを指します。このような主張に対しての根拠・理由が明らかにされた「考え」をつくっていくためには，今までのステップで吟味された情報や知識を組み合わせ，自らの主張の構造を明確にする必要があります。

このように主張の構造を明らかにすることを「構造化する」と言います。「構造化する」際は図 1C-9 のように，シンキングツールのピラミッドチャートを使うと，構造化しやすくなります。

このプロセスでは，吟味した情報を組み合わせ，子どもたちが主張に対する根拠と理由を明確にした「考え」をつくることができるように指導・支援することが重要なのです。

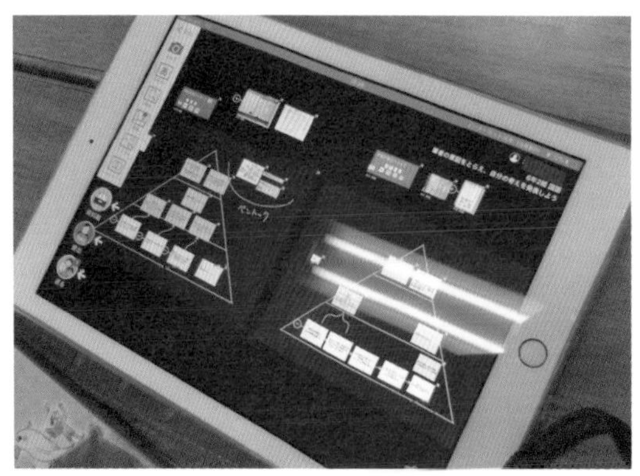

図 1C-9　吟味した情報から考えを作っている様子

価値を創造する

「価値を創造する」プロセスでは考えを組み合わせ，新たな価値を創造します。このプロセスでは，〈情報をまとめる〉活動と，〈まとめ方を工夫する〉活動を行います。〈情報をまとめる〉活動では，「考えをつくる」プロセスで構造化された「考え」を組み合わせ，文書資料や新聞，プレゼンテーション資料にまとめます。この活動では，情報をまとめる表現の様式（紹介文，説明文，新聞，プレゼンテーション資料など）について解説してから活動をはじめることが大切です。

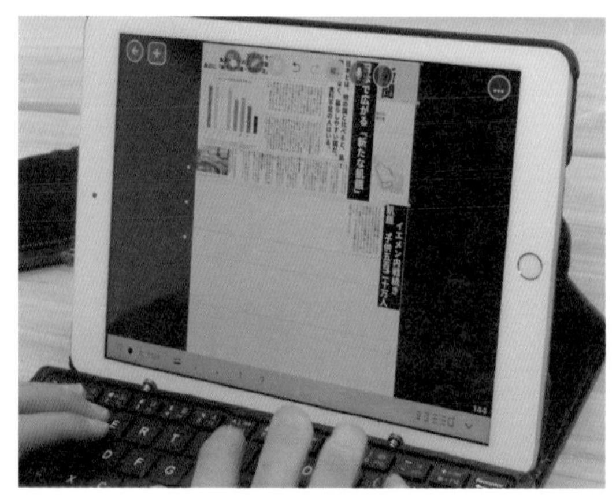

図 1C-10　新たな価値（文書資料）を創造している様子

次に，〈まとめ方を工夫する〉活動では，まとめた情報が受け手にとってわかりやすく伝わるものになっているかを批判的に検討し，工夫していきます。例えば，図 1C-10 のように重要な言葉を大きくし，色を変えて強調したり，図や表を挿入したり，文字や図を枠線で囲んだりする工夫をして，情報を読み取りやすくするのです。

このプロセスを通して，子どもたちが情報のまとめ方を把握し，受け手にわかりやすく伝わるようにまとめることを意識することで，主体性を発揮して新たな価値を創造することができるようになるのです。

発信する

「発信する」プロセスでは，〈伝え方を工

夫する〉活動を行った後に，〈情報を伝える〉活動を行います。〈伝え方を工夫する〉活動では，前プロセスの「価値を創造する」プロセスでまとめた情報を伝える練習をします。例えば，受け手に対して話をして伝える際の練習では，創造した価値を他者にわかりやすく伝えるために，抑揚をつけて話したり，身振り手振りを入れて重要な部分を強調したり，提示物の重要な部分を指し示したりするなどの工夫を加え，繰り返し練習します。この活動を行う際には，受け手にわかりやすく情報を伝える方法を子どもたちに指導・支援する必要があります。

次に，〈情報を伝える〉活動では，創造した新たな価値を，受け手に伝えます。伝える側の子どもには，伝えたいことが相手に伝わったかを確認しながら伝えることが大切であることを指導します。情報を伝える側が一方的に伝えるだけでなく，受け手が発言したり，反応したりする場面をつくることで，双方向の意見交流が起こり，情報を伝える側も受け取る側も，ともに学びを深めることができます。

図 1C-11　創造した価値を発信している様子

振り返る

「学習を振り返る」プロセスでは，〈内容

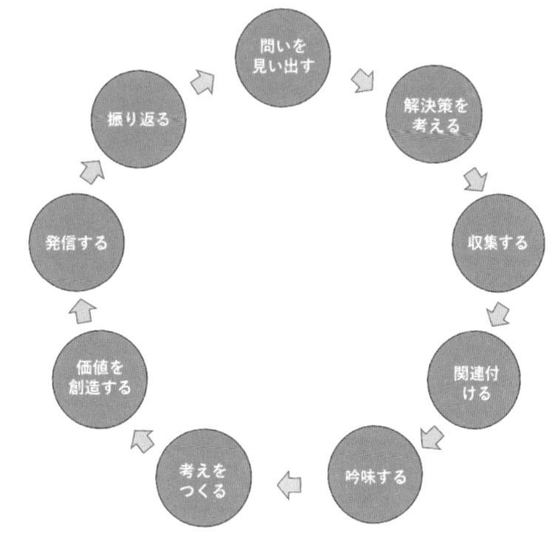

図 1C-12　単元縦断型プロセスのサイクル

について振り返る〉活動と〈方法（情報活用）について振り返る〉活動を行います。学習を振り返る際には，「内容」と「方法」の両方を振り返ることが重要です。これらを振り返る際には，別々に行うのではなく，例えば「○○について調べる活動を通して，○○のようになった理由がよくわかった（内容）。また，（「情報を収集する」プロセスで）はじめにインターネットで調べたが，多くの情報が出てきてとても時間がかかった。後で，資料集を見ると同じ情報が載っていたので，まず，資料集など身近なものから調べていくことで効率よく調べられると思った（方法）」といったように，内容と方法をセットで振り返ることができれば，今後の学習で，学習課題を解決する方法を子どもたちが自らの判断で選択することができるようになります。また，振り返る際に，「うまくいったこと」「うまくいかなかったこと」をその理由や原因とともに考えることも効果的です。このように考えることで，うまくいったことはそのまま次の単元に活かし，うまくいかなかったことは，方法を変えて次の学習に取り組めばよいということになります。

3 主体性の発揮と学習プロセスの把握

子どもたちが学習プロセスを把握することが主体性を発揮した学びにつながります。

学習プロセスを把握することで，「今，情報を集めているから，次は集めた情報を整理しないといけないなぁ」「整理した情報を，他の人に伝えるためにわかりやすくまとめる必要があるなぁ」といったように，次にどのような活動を行うかの見通しがもて，次の活動のことを考えながら学習を進めることができるようになるのです。これが子どもたちが主体性を発揮して学ぶ上での第一歩になります。

寺西（1977）は，探究学習におけるプロセスを把握することの意義について「学習者が自ら『今，自分は，何をしようとしているのか，そのために，自分は何をしなければならないのか？どうすれば，それは発見されるのか，それで十分なのか？その方法は目的を満足させるだろうか？（後略）』という問いを発し，それらの問いに従って行動できることがプロセスの本質」であると示しています。また，小学校学習指導要領総則編（2017）においても，児童が学習の見通しを立てる活動を取り入れることが示されており，見通しを立てる上で，児童が学習プロセスを把握していることがとても大切であることがわかります。

本書では，子どもたちの主体性を育む学習プロセスとして「自己調整プロセス」「探究プロセス」「単元縦断型プロセス」を紹介しました。３つの学習プロセスを組み合わせるのは，それぞれのプロセスの見方・考え方で授業・単元を構成することにより，多面的な視点で授業・単元を構成することができるからです。

例えば，自己調整プロセスにおける「見通す」は，学習者が，何らかの目標をもち，その目標を達成するために計画を立てるプロセスです。そのプロセスを単元縦断型プロセスの側面から見ると，「問いを見出す」「解決策を考える」プロセスとなり，「見通す」のプロセスでどのような活動を行えばよいのかが具体的になります。また，「問いを見出す」「解決策を考える」を自己調整プロセスの側面からみると，子どもが学習の目標を設定したり，学習の計画を立てたりして学習の見通しをもてるような活動を行うことが大切であることにも気が付きます。

同じように，自己調整プロセスの「実行する」を探究プロセスの側面から見ると「情報収集」「整理・分析」「まとめ・表現」というプロセスで活動が行われることがわかります。さらにそれを単元縦断型プロセスの側面で見ると，「整理・分析」で情報を「吟味」したり，「考えをつく」ったりし，「まとめ・表現」で「価値を創造」したり「発信」したりするといったように，さらに具体的な学習活動をイメージすることができます。このようにプロセス同士の関係性を明確にすることにより，単元設計をする際に，多面的な視点で学習活動を考えることができるようになるのです。

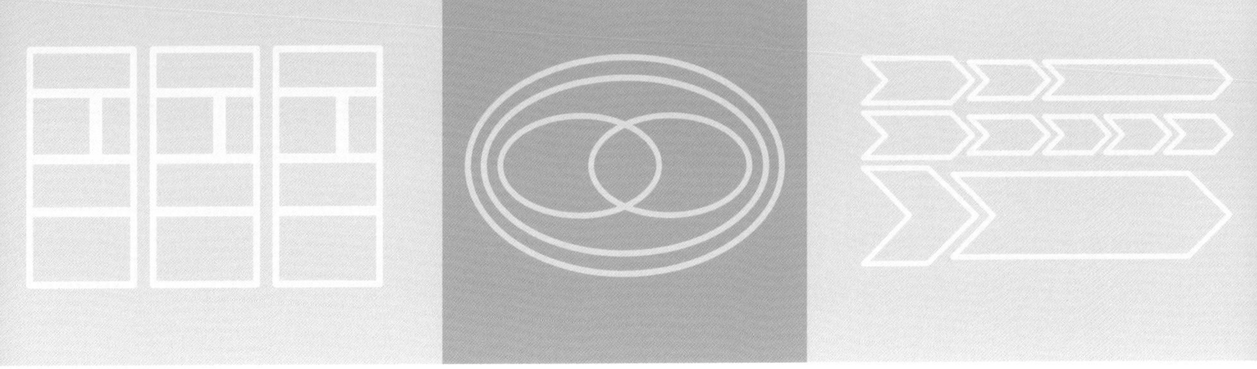

第2章

主体性を発揮する学習者の基礎となる
学習スキル

第２章では，第１章の学習プロセスに続き，子どもたちの主体性を育む上で必要となる学習スキルについて解説します。学習スキルとは，第１章で解説したそれぞれのプロセスで児童が発揮する力のことです。

プロセスとスキルの関係について表 1 を基に解説すると，学習者が自己調整プロセスで学ぶことにより自己調整スキルが育成・発揮されます。また，探究プロセス・単元縦断型プロセスで学ぶことにより情報活用スキル・思考スキルが育成・発揮されます。例えば，自己調整プロセスの「見通す」では，子どもたちが自己調整スキルの「目標設定」「計画立案」のスキルを発揮して学びます。同じように探究プロセスの「情報の収集」，単元縦断型プロセスの「収集する」では，情報活用スキルの「収集」，思考スキルの「関連付ける」のスキルを発揮して学びます。

本章では，表 1 に示した自己調整スキルの「目標設定」，情報活用スキルの「課題設定」，思考スキルの「広げてみる」などの学習スキルを，育成・発揮するための型を示し，解説していきます。

1 学習スキルの習得

主体的・対話的で深い学びの実現に向け，学習の基盤として重要視されているのが情報活用能力です。情報活用能力を育成することの重要性は，1990 年代から議論され続けてきました。また，これまで子どもたちの情報活用能力をどのように育成していけばよいかについての学術的，実践的な研究が数多く実施されてきました。それらを踏まえ，2018 年に文部科学省が，日本全国の小中学校で情報活用能力が体系的に育成されるよう「情報活用能力の体系表例」を示しました。

体系表例では，情報活用能力が「知識及び技能」「思考力，判断力，表現力等」「学びに向かう力，人間性等」の 3 つの資質・能力で整理されています。また，これらの資質・能力にはそれぞれ下位分類が示されており，「主体的・対話的で深い学び」に直結すると考えられる項目が挙げられています。

その項目の 1 つ目は，「知識及び技能」

表 1 『学びの型』の全体像

自己調整	自己調整プロセス	見通す		実行する						振り返る		
	自己調整スキル	目標設定	計画立案	1時間ごとに以下の3つの段階で，自己調整スキルを発揮する。						自己評価	帰属	適用
				<見通す> 目標設定・計画立案 <実行する>確認・調節 <振り返る>自己評価・帰属・適用		<見通す> 目標設定・計画立案 <実行する>確認・調節 <振り返る>自己評価・帰属・適用		<見通す> 目標設定・計画立案 <実行する>確認・調節 <振り返る>自己評価・帰属・適用				
探究	探究プロセス	課題の設定		情報の収集		整理・分析		まとめ・表現		振り返り		
	単元縦断型プロセス	問いを見出す	解決策を考える	収集する	関連付ける	吟味する	考えをつくる	価値を創造する	発信する	振り返る		
	情報活用スキル	課題設定	計画	収集	整理	分析	表現	創造	発信	評価	改善	
	思考スキル	広げてみる 分類する 順序立てる 焦点化する	順序立てる 見通す	関係付ける	関連付ける 比較する	多面的にみる 分類する	理由付ける 抽象化する 構造化する	要約する 価値付ける 具体化する	順序立てる 理由付ける	評価する 変化をとらえる	理由付ける	応用する

の「2　問題解決・探究における情報活用の方法の理解」に示された「(情報）収集，整理，分析，表現，発信の理解」と「情報活用の計画や評価・改善のための理論や方法の理解」です。これらは「計画」「収集」「整理」「分析」「表現」「発信」「評価」「改善」に分解することができ，分解した一つ一つが，子どもたちが身につけるべき情報活用のスキル（情報活用スキル）であると捉えることができます。

2つ目は，「思考力，判断力，表現力等」の「1　問題解決・探究における情報を活用する力」で示されている「必要な情報を収集，整理，分析，表現する力」「新たな意味や価値を創造する力」「受け手の情報を踏まえて発信する力」「自らの情報活用を評価・改善する力」です。これらの力は，「知識及び技能」で示されたスキルとほぼ同じ文言で示されていますが，子どもたちがこれらの力を発揮しながら，問題解決を行うことで「思考力，判断力，表現力等」が育成されるため，本書では，これらの力の土台となる力が重要であると考えています。

土台となる力とは，例えば「収集する」であれば問いの答えとなる情報を，問いと関係付けながら探す必要があります。また，「整理する」であれば，情報を整理するために情報と情報を関連付けたり，比較したりする必要があります。ここで示した「関係付ける」「関連付ける」「比較する」が思考・判断・表現する際の土台となる力になります。これらの力は，思考スキルと呼ばれており，子どもたちが身につけるべきスキルの一つであると言えます。

3つ目は，「学びに向かう力，人間性等」で示された「試行錯誤し，計画や改善しようとする態度」です。「計画を立てる態度」や「改善する態度」とは，目標を設定したり，計画を立てたり，自己評価したりする力が発揮されることによって生じる態度です。したがって，「目標を設定する」「計画を立てる」「自己評価する」といった学びに向かうためのスキル（自己調整スキル）も子どもたちが身につけるべきスキルの一つであると言えます。

次に，これらの一つ一つのスキルについてもう少し詳しく解説します。

まず，情報活用能力の「学びに向かう力，人間性等」を高めると考えられる『**自己調整スキル**』です。自己調整スキルについては，SCHUNK and ZIMMERMAN (1998)が，認知プロセスを自己調整することに関するスキルとし，問題解決プロセスにおけるプランニング（計画立案）やモニタリング（確認）であると記しています。また，自己調整プロセスで学びを進める上で，自己調整スキルを高めることの重要性を記しており，「児童生徒が観察したり，真似したりすることができるようなモデルを介することで自己調整スキルを学ぶことができる」として，学習計画の立て方や，やり遂げたことに対する振り返りの仕方に重要性を見出すことができるような学習活動及び指導・支援をプロセスごとに示しています。

また，「情報活用能力の体系表例」では，「学びに向かう力，人間性等」について「1　問題解決・探究における情報活用の態度」「2　情報モラル・情報セキュリティなどについての態度」と整理されています。これらの下位項目を見ると「1」については「①多角的に情報を検討しようとする態度」「②試行錯誤し，計画や改善をしようとする態度」，「2」については「① 責任をもって適切に情報を扱おうとする態度」「② 情報社会に参画しようとする態度」であると整理されています。

これらのことから，情報活用能力の「学びに向かう力，人間性等」は，学習者が情報を複数の視点から捉え，学習の計画を立てたり，学習を進めながら学習方法・方略を検討し，修正したりする態度や自らの情報活用を振り返り，今後の学習へ活かしていく態度であると解釈することができます。学習者が学習中にこのような態度で学びを進めていくためには，これらの態度で学ぶためのスキルが育成されていなければなりません。

これらのことから情報活用能力の「学びに向かう力，人間性等」を高めるためのスキルが「自己調整スキル」であると捉えることができます。

次に，情報活用能力の「知識及び技能」を高めると考えられる『**情報活用スキル**』です。情報活用スキルについて，大作ほか（2015）は，探究学習においての情報活用スキルを「探究学習を通して習得が目指される知識や技術」と定義しています。また，塩谷ほか（2015）は，学校図書館を活用する上での情報活用スキルを，「子どもたちが学校図書館で図書などの情報手段を活用し，情報を収集し，整理・分析してまとめたり，表現したりするスキル」であると捉えています。したがって，情報活用スキルが，ICT や情報そのものを効果的に活用するための知識や技能であると捉えることができます。

さらに，「情報活用能力の体系表例」では，「知識及び技能」について「1　情報と情報技術を適切に活用するための知識と技能」「2　問題解決・探究における情報活用の方法の理解」「3　情報モラル・情報セキュリティなどについての理解」として整理されています。そして，それらの下位項目では，「1」については「①情報技術に関する技能」「②情報と情報技術の特性の理解」「③記号の組み合わせの理解」と整理されています。ここに整理された ①は ICT を操作する際に発揮するスキルであると考えることができます。また，②は情報そのものを活用する際と，ICT を適切に活用する際に発揮するスキルであると考えることができます。そして ③は ICT を操作し，適切に活用する際と，情報そのものを効果的に活用する際に発揮するスキルであると考えることができます。

これらのことから，情報活用能力の「知識及び技能」を高めるためのスキルが「情報活用スキル」であると捉えることができます。

最後に，情報活用能力の「思考力・判断力・表現力等」を高めると考えられる『**思考スキル**』です。思考スキルについて黒上（2012）は思考の結果を導くための具体的な手順についての知識とその運用技法（技能）であるとしています。

さらに黒上は，思考は広義の情報に認知的な操作を加え，再編集する行為であり，情報教育はそれを教えることであるとした上で，情報教育で思考する方法（思考するスキル）を身につけさせることの重要性を記しています。また，泰山ほか（2014）も「思考スキルの指導を情報の認知的な操作を学ぶ交互の情報教育として捉える」としており，思考スキルが情報活用能力の「思考力，判断力，表現力等」に関連するスキルであると考えることができます。

「情報活用能力の体系表」では，「B, 思考力, 判断力, 表現力等」について大きく「1，問題解決・探究における情報を活用する力」と整理されており，その下位項目として「事象を情報とその結びつきの視点から捉え，情報及び情報技術を適切かつ効果的に活用し，問題を発見・解決し，自分の考えを形成する力」であり「①必要な情報を収集，整理，分析，表現する力」「②新たな意味や価値を創造する力」「③受けての状況を踏まえ発信する力」「④自らの情報活用を評価・改善する力」等であると記されています。

これらのことから，情報活用能力の「思考力・判断力・表現力等」が情報を収集したり，整理したりする活動を通して，考えたり，判断したりして問題を発見・解決する際に発揮するスキルであると解釈することができます。そして，このような「思考したり判断・表現したりする力」を高めるためのスキルが「比較」「分類」「関連付ける」などの「思考スキル」であると考えることができます。

これらのスキルは，以下のように資質・能力と対応し，子どもたちが主体性を発揮する学びを支えます。

自己調整スキル……情報活用における「学びに向かう力，人間性等」の土台となり，自らの学習をコントロールし，課題の解決や目標の達成に向かう際に発揮されるスキル
情報活用スキル……情報活用における「知識及び技能」の土台となり，ICT を操作し適切に活用する際に発揮されるスキル，情報そのものを効果的に活用（集める，整理する，まとめる，伝えるなど）する際に発揮されるスキル
思考スキル……情報活用における「思考力，判断力，表現力等」の土台となり，物事を考え，判断し，表現する際に発揮されるスキル

子どもたちが主体性を発揮しながら学ぶためには，学習スキルを発揮するための型を繰り返し経験する必要があります。そして，習得した型を，様々な場面で活用するのです。その際は，活用する教科や領域の見方・考え方に合わせて型を変化させて学習を進めます。

最終的には，どのような場面においてもそれぞれのスキルを発揮することができるよう，子どもたちが自分なりの型を形成するとともに，必要な場面で適切なスキルを発揮し，課題や問題を自らの力で解決・達成していけるようになることが目標です。

2 3つの学習スキル

表2-1は，3つの学習スキル「自己調整」「情報活用」「思考」の関係を整理した表です。「計画」「評価」などといった似通った言葉で表現されているスキルもありますが，「自己調整」「情報活用」「思考」の見方・考え方によって，それぞれが示すスキルが若干異なります。

表 2-1　学習スキルの一覧

自己調整スキル	目標設定	計画立案	1時間ごとに以下の3つの段階で，自己調整スキルを育成する。 <見通す> 目標設定 計画立案		<実行する> 確認 調節		<振り返る> 自己評価 帰属 適用		自己評価	帰属	適用
情報活用スキル	課題設定	計画	収集	整理	分析	表現	創造	発信	評価	改善	
思考スキル	広げてみる 分類する 順序立てる 焦点化する	順序立てる 見通す	関係付ける	関連付ける 比較する	多面的にみる 分類する	理由付ける 抽象化する 構造化する	要約する 具体化する 価値付ける	順序立てる 理由付ける 具体化する	評価する 変化をとらえる	理由付ける	応用する

a 自己調整スキル

自己調整スキルとは，子どもたちが自らの学習をコントロールし，課題の解決や目標の達成に向かうスキルです。このスキルを高めることが情報活用能力の「学びに向かう力，人間性等」の育成につながります。本書では自己調整スキルを「目標設定」「計画立案」「確認」「調節」「自己評価」「帰属」「適用」に分類しました。

表 2a-1　自己調整スキルの一覧

目標設定	計画立案	1時間ごとに以下の3つの段階で，自己調整スキルを育成する。			自己評価	帰属	適用
→長期目標を設定する力	→長期目標の達成に向けて方法や方略を選択するとともに活動の時間配分を考える力	<見通す> **目標設定** →長期目標を基に短期目標を設定する力 **計画立案** →短期目標の達成に向け，方法や方略を選択し，活動の時間配分を考える力	<実行する> **確認** →短期目標の達成状況や時間配分を確認する力 **調節** →短期目標の達成状況や時間配分を基に学習を調節する力	<振り返る> **自己評価** →創り出した価値を目標と比較し，評価する力 **帰属** →評価結果の原因や理由を考え出す力 **適用** →評価の分析を基に次の学習目標に生かす力	→創り出した価値を目標と比較し，評価する力	→評価結果の原因や理由を考え出す力	→評価の分析を基に次の学習目標に生かす力

目標設定　▶見通す

「目標設定」は，問いを見出し，単元目標などの長期目標を設定するスキルです。

目標設定の型は「問いを広げる→問いを順序立てる→問いを焦点化する」です。

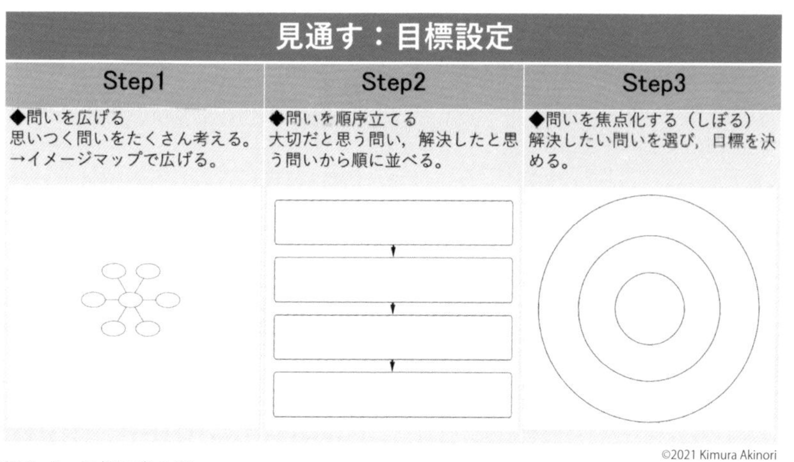

図 2a-1　目標設定の型

問いを見出し，長期目標を明確にするには，まず，課題を基に，「追究してみたい」「調べてみたい」と思うこと（問い）を広げる必要があります。問いを広げる際は，イメージマップの中心に課題を書き，その課題から思いつく問いを周りに書いて広げていく方法が効果的です（Step1）。課題から問いを広げにくいときは，課題から「わかること・見えること→思うこと→ひっかかること（思考ルーチン：See Think Wonder）」の順序で考えることで問いが広げやすくなります。

次に，導き出した「問い」を興味・関心の高いものから順に並べ，解決の優先順位を決めます（Step2）。

最後に，優先順位の高い問いを３～４つ選択し，それらを比較しながら，一つの問いに焦点化して長期目標を設定していきます（Step3）。焦点化する際は，同心円チャートの外側に追究したい問いを書きます。次に，問いと問いを比較し，共通点を一つ内側の円に書きます。これを繰り返し，最後に，内側に書いた共通点を組み合わせて一つの長期目標をつくり上げるのです。

計画立案　▶見通す

「計画立案」は，設定した目標を解決するための方法や方略を選択し，学習の計画を立てるスキルです。

計画立案の型は「課題を決める→方法・方略を決める→時間配分を決める」です。

見通す：計画立案		
Step1	Step2	Step3
◆課題を決める 単元・1時間1時間の課題と単元の目標を決める。	◆方法・方略を決める 課題を解決するための方法・方略を決める。	◆活動の時間配分を決める 活動の時間配分を決める。

©2021 Kimura Akinori

図 2a-2 計画立案の型

学習計画④
名前（　　　　）

単元課題	単元目標

本時の課題	本時の課題	本時の課題	本時の課題
本時の計画 <すること> <時間>	本時の計画 <すること> <時間>	本時の計画 <すること> <時間>	本時の計画 <すること> <時間>
自分目標	自分目標	自分目標	自分目標
ふりかえり <うまくいったこと・理由> <うまくいかなかったこと・理由>	ふりかえり <うまくいったこと・理由> <うまくいかなかったこと・理由>	ふりかえり <うまくいったこと・理由> <うまくいかなかったこと・理由>	ふりかえり <うまくいったこと・理由> <うまくいかなかったこと・理由>

図 2a-3 学習計画表（レギュレイトフォーム）例

計画立案の型を，図 2a-3 の学習の計画表（レギュレイトフォーム）例と対応させながら解説します。

まず，「課題を決める（Step1）」では，はじめに単元の課題を記述します（課題は教科の目標に直結することなので，事前に記述したものを配付しても構いません）。次に，単元の課題を基に，この単元の目標（長期目標）を自分が「やりたいこと」「めざすこと」「頑張りたいこと」の視点で考え記述します。次に，単元の課題が解決し，目標が達成できるような 1 時間 1 時間の課題を設定し記述します（教師が提示したり，事前に記述したりしておくことも考えられます）。

なお，図 2a-3 の自分目標は本時の自分自身の目標（短期目標）を書く枠です。自分目標はその時間のはじめに記述する時間を設定し，本時の課題や計画，前時の振り返りを参照しながら記述します。

「方法・方略を決める（Step2）」では，1 時間ごとの課題を解決するための方法や方略を取り組む順に記述します。

「方略」とは，方法を具体的にした学習の進め方，もしくは学習を進める上での作戦です。例えば，「インターネットで課題解決に必要な情報を集める」という学習活動であれば，「インターネットで情報を集める」が方法にあたります。そして，インターネットで「課題解決に必要な情報を集める」ために，「Google 検索で，〇〇と▲▲と□ □のキーワードで検索する」という具体的な方法が方略となります。

方法・方略を記述する際は，その時間の課題が，「〇〇について調べる」といった課題であるとすると，まず「教科書で調べる」「資料集を読む」「インターネットで検索する」などの方法を記述します。そして，「教科書から大切な言葉を抜き出しノートに箇条書きしていく」といったようにそれぞれの方法を詳しくした方略を一緒に記述します。その際に，情報活用スキルカード（2 章「b．情報活用スキル」図 2b-1）を参照することにより，課題の解決につながる方法や方略を選択することができるため，子どもたちにとって大きな支援となります。

「時間配分を決める（step3）」では，Step2 で決めた活動をどの程度の時間配分で行うのかを考えます。例えば「教科書で調べる（10 分）」「資集を読む（7 分）」といったように活動ごとに想定される時間を書き込んでいきます。子どもたちが時間配分を考える際には，前もって上限の時間を示しておき，その時間内でどのように活動を割り振るかを考えるようにしておくと，時間配分を考えやすくなります。

確認

▶実行する

「確認」は，学習中に課題の解決状況や目標の達成状況を残り時間と関連付けながら確認するスキルです。

確認の型は「課題・目標のチェック→方法・方略のチェック→残り時間のチェック」です。

まず，「課題・目標の確認（Step1）」では，本時の課題がどの程度解決しているか，そして，本時の目標（図 2a-3 の自分目標：短期目標）がどの程度達成しているかを確認します。確認する際は，取り組んでいることが課題の解決や目標の達成に向かっているか，ズレていないかを意識することが大切です。

「方法・方略の確認（Step2）」では，取り組んでいる学習方法・方略が課題を解決する上で効果的であるかを確認します。効果的かを判断する際には，「課題を解決するための情報がその方法・方略で得られるのか」「時間内に課題を解決することができる方法・方略で学習を進めているか」を確認することで，取り組んでいる方法・方略が効果的であるかを判断することができます。

「残り時間の確認 (Step3)」では，まず，時計を見て，活動の残り時間を確認します。そして，残りの時間で課題・目標が解決・達成するのかについて検討します。

子どもたちが個人やグループで活動をしている合間に,「課題·目標」「方法·方略」「残り時間」を確認することを教師が声かけしたり，これらをチェックするチェック表を配付したりすることで，学習の進捗を子どもたちが自ら確認しようとする姿に繋がっていきます。

実行する：確認		
Step1	Step2	Step3
◆課題・目標の確認 課題や目標がどの程度解決・達成されているか，やっていることが課題や目標からズレていないかを考える。	◆方法・方略の確認 このままの学習方法・方略で進めていて，課題が解決するか，目標が達成するかを考える。	◆残り時間の確認 時間内に課題が解決し，目標が達成されるかを考える。

図 2a-4　確認の型

調節

▶実行する

「調節」は，「確認」のスキルを発揮して確認した学習の進捗状況を基に「課題·目標」「方法・方略」「時間配分」を学習活動中に調節するスキルです。

調節の型は「課題・目標の調節→方法・方略の調節→残り時間の調節」です。

「課題・目標の調節（Step1）」とは，「確認」スキルを発揮して確認した学習の進み

実行する：調節		
Step1	Step2	Step3
◆課題・目標の調節 課題や目標がどの程度解決・達成されているか，やっていることが課題や目標からズレていないかを考え，課題や目標を調節する。	◆方法・方略の調節 このままの学習方法・方略で進めていて，課題が解決するか，目標が達成するかを考え，うまくいかないときは方法・方略を調節する。	◆残り時間で調節 残り時間を確認し，取り組むことを増やしたり，減らしたりして調節する。

図 2a-5 調節の型

具合では，課題が解決せず，目標も達成しないと判断した場合に，課題や目標の調節を行うStepです。課題や目標の調節とは，その時間に解決しようと考えていた課題の数を減らしたり，その時間の目標をその時間内に達成可能であると考えられる目標に変更したりします。

ただ，単元の課題を解決する上で重要となる課題は必ず解決しなければなりません。そのような課題がこのままの学習の進み具合では，解決できないと気付いた場合は，その課題を後の時間や授業外の時間で取り組むか，援助を要請し時間内に課題を解決することができるようにするかを判断し，学習を調節するよう指導・支援をする必要があります。

「方法・方略の調節（Step2）」とは，取り組んでいる学習方法・方略が適切でないと気付いた場合に，学習方法・方略を変更することです。例えば，インターネットで情報を収集する活動を行っていた場合，情報が多すぎて必要な情報を絞ることに時間を費やしてしまうことがあります。そのようなときに，情報が絞られている書籍で調べることに方法を変更したり，インターネットでの検索ワードを吟味し，検索範囲を絞って調べることに方略を変更したりして，学習を調節します。

「残り時間の調節（Step3）」とは，学習の残り時間とすべきことにかかる時間を計算して学習を調節することです。例えば，残り時間にゆとりがあるのであれば，解決しようとしている課題をさらに広げたり，深めたりします。逆に，時間にゆとりがなければ，課題解決の範囲を狭めたり，援助を要請したりして時間内に課題が解決し，目標が達成するように調節します。

自己評価　▶振り返る

「自己評価」は，学習で創り出した価値や自らの学習の取り組み方を振り返り，評価するスキルです。

自己評価の型は「課題・目標と比べる→うまくいったこと→うまくいかなかったこと」です。

「課題・目標と比べる（Step1）」では，単元の学習を振り返る際に，学習結果と単元の課題・目標を比較します。また，1時間の学習を振り返る際は，学習結果と1時間の課題・目標を比較します。これらを比較することで，取り組んだ単元や1時間の授業で解決・達成したことと，しなかったことが明らかになります。

その際にベン図で，学習前に立てた課題・目標と，学習後の学習結果を比較すると，

振り返る：自己評価

Step1	Step2	Step3
◆課題・目標と比べる	◆うまくいったこと	◆うまくいかなかったこと

学習の結果と課題や目標を比べ，課題が解決したか，目標が達成したかを考える。

学習前 / 学習後

課題 目標 ／ 解決 達成 した こと ／ 学習 結果

ここにしかないことは解決・達成できなかったこと

ここにしかないことは課題や目標とは関係しないこと

P プラス：Plus いいところ	M マイナス：Minus だめなところ	I インテレスティング：Interesting おもしろいところ
取り組んだ学習でどのようなことがうまくいったかを記述する。	取り組んだ学習でどのようなことがうまくいかなかったかを記述する。	面白いと思ったことを記述する。

図 2a-6 自己評価の型

解決・達成したことや解決・達成しなかったことが明らかになります。

「うまくいったこと（Step2）」は，取り組んだ学習でどのようなことがうまくいったのかを考えます。そして，「うまくいかなかったこと（Step3）」では，取り組んだ学習でどのようなことがうまくいかなかったことを考えます。

PMI チャートを活用すると「うまくいったこと」「うまくいかなかったこと」，そして，その学習に取り組み「面白いと思ったこと」が書きやすくなります。また，課題の解決度，目標の達成度，学習方法・方略，時間配分等の視点を設定し，評価することで，うまくいったことやうまくいかなかったことを，具体的に記述することができるようになります。

帰属 ▶振り返る

「帰属スキル」とは，自己評価スキルを発揮して明らかにした評価結果の理由や原因を導き出すスキルです。

帰属の型は「なぜうまくいったのか→なぜうまくいかなかったのか→活かせることは？」です。

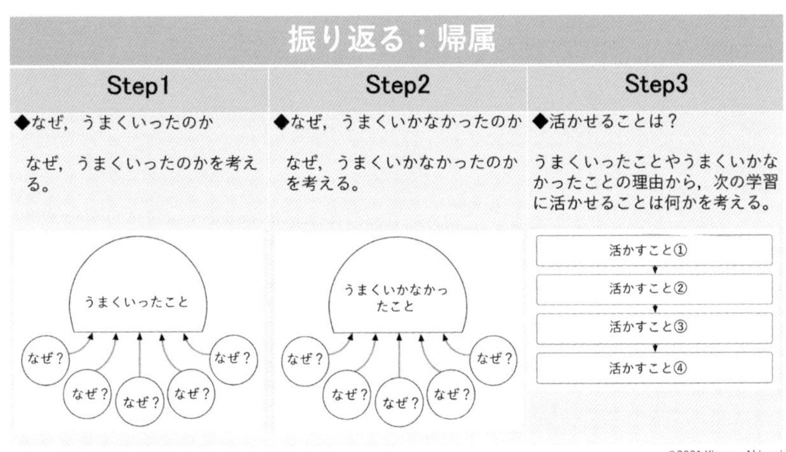

図 2a-7 帰属の型

「なぜうまくいったのか（Step1）」は，「自己評価」スキルを発揮して明らかになった「うまくいったこと」についての理由や原因を考えます。その際に，クラゲチャートを使うことで，うまくいったことの理由や原因が導き出しやすくなります。同様に「なぜうまくいかなかったのか（Step2）」についても，クラゲチャートを使うことで，うまくいかなかったことの理由や原因が導き出しやすくなります。

「活かせること（Step3）」では，Step1,2の活動で明らかになった理由や原因から，次の単元や次の時間，その他の学習等で活かせることが何かを考えます。その際に，活かしやすいものから順に，ステップチャートに整理しておくことで，今後の活動に活かしやすくなります。

最後に，この活動で明らかになった「活かせること」は，図 2a-3 の振り返りの枠に「うまくいったこと」や「うまくいかなかったこと」とセットにして記述し，今後の学習の際にすぐに確認できるようにしておくと，子どもたちが振り返ったことを基に，次の授業をはじめることができます。

適用 ▶振り返る

「適用」とは，評価結果を，次の学習に活かすスキルです。

適用の型は「活かせること→活かすこと→活かす場面」です。

「活かせること（Step1）」では，「自己評価」スキル・「帰属」スキルを発揮して導き出した「活かせること」を座標軸で分析します。分析する際は，「活かせること」の重要度が高いか低いか，また，そのことは，すぐに取り組むことができるか，取り組むにあたり時間がかかるのかの視点で座標軸にプロットして（考えを図の適切な場所に位置付けて）いきます。

「活かすこと（Step2）」では，座標軸にプロットした「活かせること」から，今後の単元や授業で「やってみよう」「取り組んでみよう」と決めたことを選択していきます。その際に，重要度の高いものからナンバリングをして強調しておくと，今後の学習に活かしやすくなります。

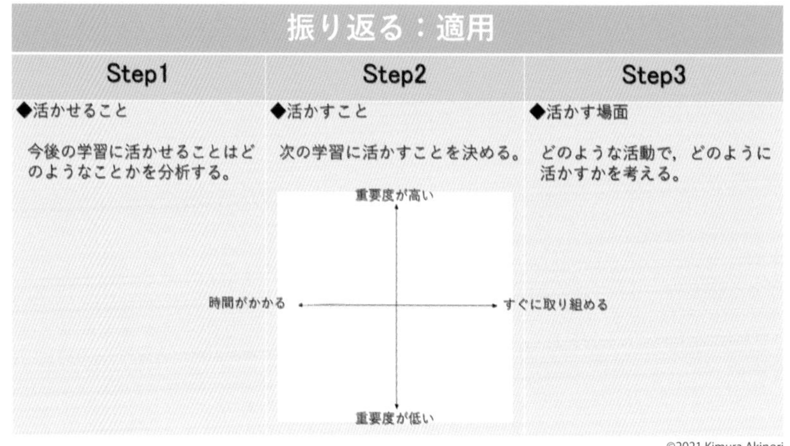

図 2a-8 適用の型

最後に，「活かす場面（Step3）」では，次の単元や授業の目標を設定する際に，選択した「活かすこと」をどの活動・場面でどのように活かすのかを考え，決めます。その際に，次の単元や授業の学習計画にナンバリングした「活かすこと」を入れるように助言することで，子どもたちは，これまでの学習の成果や課題を土台として学習を進めることができるようになっていくのです。

以上の自己調整スキルを子どもたちが確認しながら自ら主体性を発揮して学習を進めることができるように『セルフラーニングカード』（図 2a-9）を作成しました。レベル１は小学校低学年用，レベル２は小学校高学年から中学生，高校生用となっています。

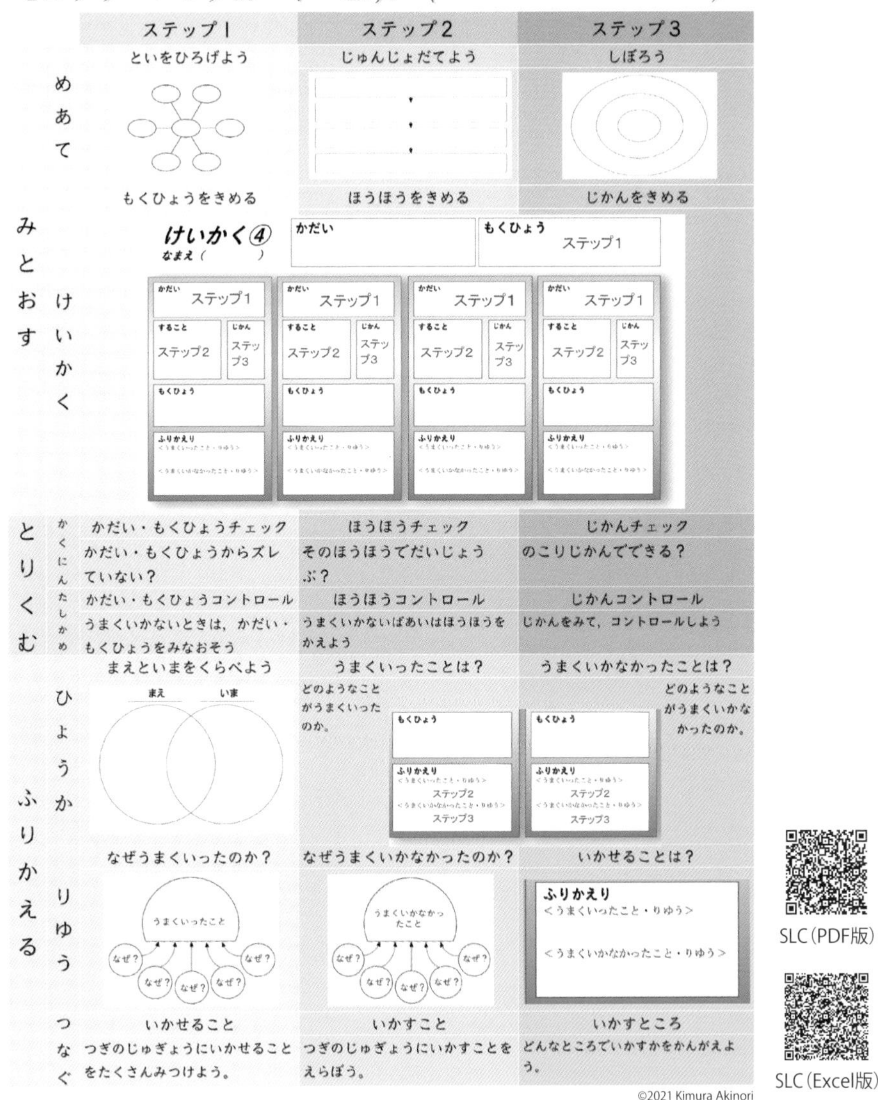

図２a-9 自己調整スキルの型「セルフラーニングカード」

ⓑ 情報活用スキル

情報活用スキルとは，タブレット PC などの ICT を操作し適切に活用するスキルと，情報そのものを集めたり，整理したりして効果的に活用するためのスキルです。このスキルを高めることは情報活用能力の「知識及び技能」の育成につながります。本書では情報活用スキルを「課題設定」「計画」「収集」「整理」「分析」「表現」「創造」「発信」

表 2b-1 情報活用スキルの一覧

課題設定	計画	収集	整理	分析	表現	創造	発信	評価	改善
→課題設定する力	→学習の計画を立てる力	→適切な方法で情報を集め，必要な情報を選択する力	→情報を関連づけたり，比較したりする力	→情報を多面的に見たり，分類したりする力	→情報を書いたり，話したりして表す力	→新たな価値を創り出す力	→情報をわかりやすく伝える力	→活動や価値を判断する力	→情報を基に活動や価値を修正する力

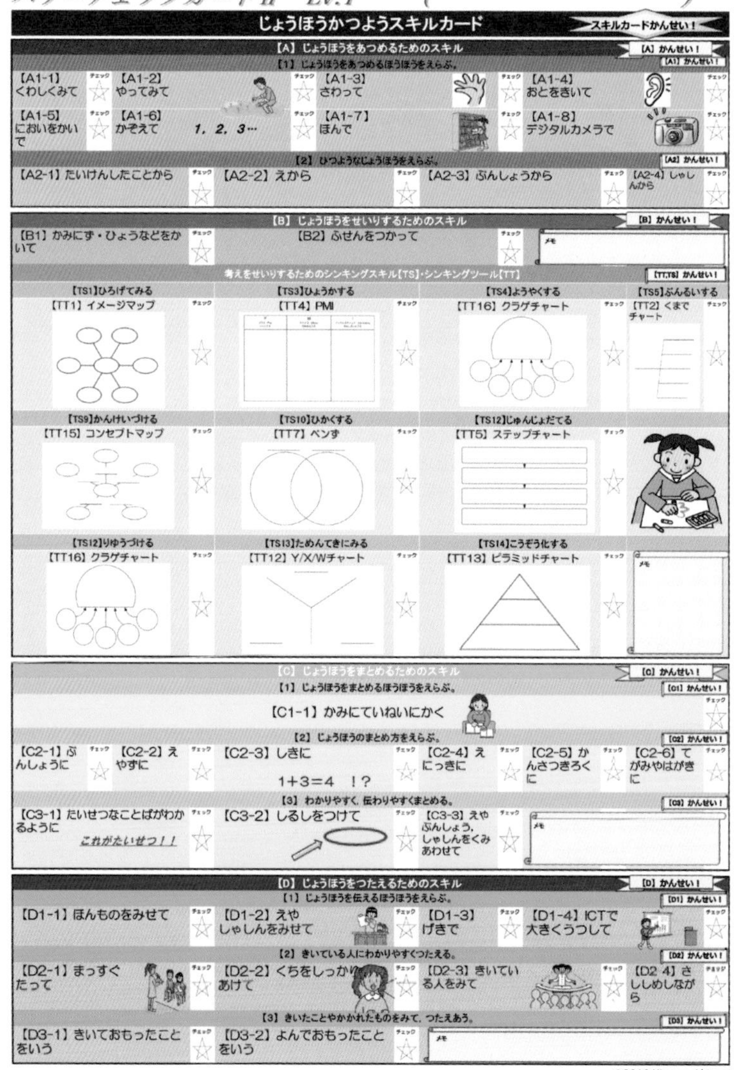

図 2b-1　情報活用スキルカード

PCC（PDF版）

PCC（Excel版）

「評価」「改善」の 10 スキルに分類しました。中には，自己調整スキルと似通った名称で，同じような活動が提案されているものもありますが，それは，それぞれのスキルの見方・考え方の違いであると理解してください。

情報活用スキルは，情報活用スキルを育成することを意図として作成された情報活用スキルカード（図 2b-1）を子どもたちに配付することにより，これらの力を指導しやすくなります。そして，子どもたちが学習を進める際の支援となり，主体性を発揮した学びにつながります。（木村 2016）

課題設定

▶課題設定，問いを見出す

「課題設定」とは，教師や教科書等が設定した課題を基に自分が追究していきたい『問い』をつくる際に発揮するスキルです。

課題設定の型は，「課題を分解する→問いを広げる→順に並べる→焦点化する」です。

「課題を分解する（Step1）」では，設定された単元の課題を要素ごとに分解し，本単元で解決すべきことを明確にします。

「問いを広げる（Step2）」では，分解した要素を基に，疑問に思うことや調べてみたいと思うこと（問い）を広げていきます。

「問いを順序立てる（Step3）」では，興味のある問いを選択し，追究していきたい順に並べ，解決の優先順位を決めます（ここで明らかになった問いを優先順位の高いものから順に学習計画に挙げても構いません）。

最後に「焦点化して長期目標をつくる（Step 4）」では，単元を通して解決したいことを明確にするために，優先順位を付けた問いを比較し，共通点を探りながら焦点化していき，長期目標を創り出します。

この型で単元の課題を基に問いをつくる活動を繰り返し経験することで自らの長期目標を設定する「課題設定」のスキルが習得されます。

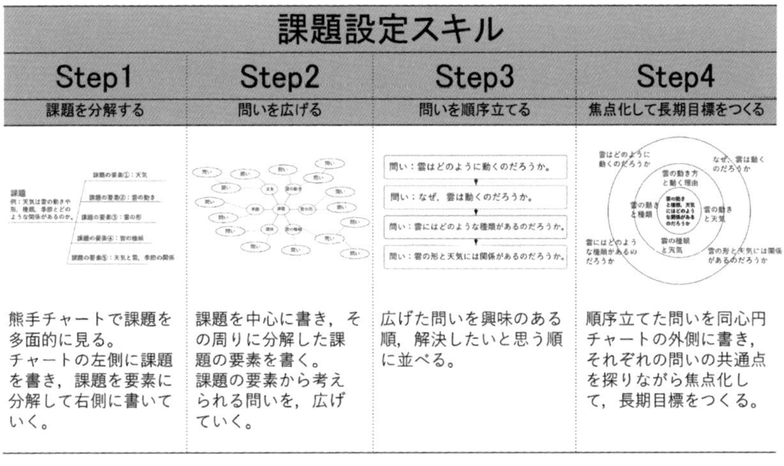

課題設定スキル

Step1 課題を分解する	Step2 問いを広げる	Step3 問いを順序立てる	Step4 焦点化して長期目標をつくる
熊手チャートで課題を多面的に見る。 チャートの左側に課題を書き，課題を要素に分解して右側に書いていく。	課題を中心に書き，その周りに分解した課題の要素を書く。 課題の要素から考えられる問いを，広げていく。	広げた問いを興味のある順，解決したいと思う順に並べる。	順序立てた問いを同心円チャートの外側に書き，それぞれの問いの共通点を探りながら焦点化して，長期目標をつくる。

図 2b-2 課題設定の型

計画 ▶課題設定，解決策を考える

「計画」とは，設定された課題を基に，学習の計画を立てる際に発揮するスキルです。

> **計画の型は，「管理する方法を選ぶ→ 1 時間 1 時間の課題を決める→解決方法などを決める」です。**

「計画を管理する方法を選ぶ（Step 1）」では，学習の進捗を管理する方法を「学習の計画表を作成する」「カレンダーに記述する」「To Do リストを作成する」などから選択します。

「1 時間 1 時間の課題を決める（Step2）」では，単元の課題を要素ごとに分解し，1 時間 1 時間の課題に割り振っていきます。また，「課題設定」で導き出した問いをもとに課題とつながりのある問いを 1 時間 1 時間の目標として割り振っていきます。

「解決方法や時間配分を決める（Step3）」では，どのような方法で課題を解決していくかを明確にしていきます。その際に，情報活用スキルカードが役立ちます。

計画スキル

Step1 計画を管理する方法を決める	Step2 1時間1時間の課題・目標を決める	Step3 解決方法・時間配分を決める
学習計画表を作成する。		
	・課題を書く枠をつくり，それぞれの時間の課題に割り振る。	・解決方法・時間配分を書く枠をつくり，それぞれの解決方法と時間配分を決め，記述する。
カレンダーに記述する。		
	・単元・学習に取り組む期間を決める。 ・単元・学習に取り組む日時に，取り組む課題を割り振る。	・課題とともに，解決方法と時間配分を決め，記述する。
To Do リストを作成する。		
	・単元で解決すべき課題を挙げる。 ・課題に取り組む順番，日時等を決める。	・課題とともに，解決方法と時間配分を決め，記述する。

図 2b-3 計画の型

収集 ▶情報の収集，収集する

「収集」とは，情報を集め，必要な情報を取り出す際に発揮するスキルです。

> **収集の型は「収集方法を決める→収集方略を考える→必要な情報を取り出す」です。**

「収集方法を決める（Step1）」は，課題を解決する上で適切な情報の収集方法を選びます。収集方法には，教科書，書籍，インターネット，インタビュー，アンケートなどが考えられます。収集方法を決める際は，情報活用スキルカードの『【1】情報を集める方法を選ぶ』（図 2b-5）が参考になります。

「収集方略を考える（Step2）」では，選択した方法からどのようにして必要な情報を見つけ出すかを考えます。例えば，教科書で情報を収集する際には，「必要な情報が書かれている部分に線を引き，それらの情

収集スキル		
Step1	Step2	Step3
収集方法を決める	収集方略を考える	必要な情報を取り出す
◆直接的に収集する方法 ・見て 観察，実験，見学 ・聞いて インタビュー，アンケート **◆間接的に収集する方法** ・読んで 教科書，図書，資料 Webサイト ・視聴して Webサイト（動画）	・実験で気付いたことをノートに箇条書きする。 ・見学する際に静止画や動画で記録する。 ・インタビューをする際に，音声で記録する。 ・アンケートを作成する際に，選択肢の設問の後に理由を聞く自由記述の設問をつくる。 ・教科書に線を引きながら読む。 ・メモを取りながら動画を視聴する。 ・シンキングツールで情報を広げる。	・必要な情報をノートに書き出す。 ・必要な情報をイメージマップに書き出し，広げていく。 ・静止画を撮り，必要な部分だけを切り取る。 ・動画を撮り，必要な部分を切り取る。 ・録音し，必要な部分を切り取る。 ・アンケートを集計し，必要な情報を選ぶ。

図 2b-4 収集の型

報をシンキングツールに書き込んで収集する」などの方略が考えられます。また，インタビューで収集する際には，「どのような順序でインタビューを進めていけば必要な情報が全て集められるのかを考え，質問事項を順序立ててから収集する」などの方略が考えられます。このように収集方略とは，選択した方法で，具体的にどのように情報を収集していくのかということを考えることを意味しています。

「必要な情報を取り出す（Step3）」では，様々な方法で情報を集め，課題解決に必要であると判断した情報を取り出します。情報を取り出すとは，必要であると思う情報をノートやタブレット PC にメモしたり，シンキングツールに記述したりすることです。

収集方略を決め，必要な情報を取り出す際は，情報活用スキルカード『【A】情報を集めるためのスキル【2】必要な情報を選ぶ』（図 2b-5）が参考になります。

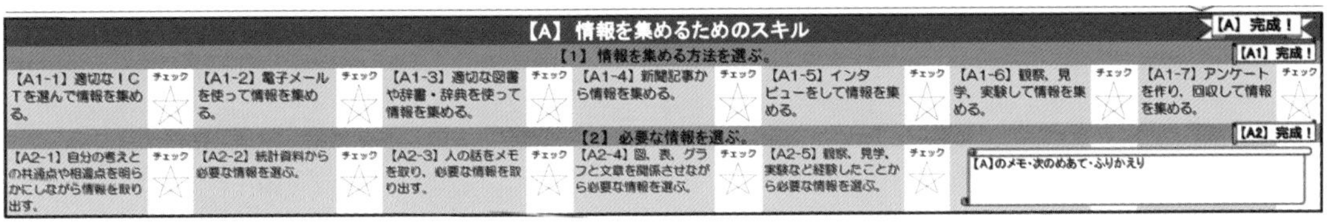

【A】情報を集めるためのスキル　【A】完成！

【1】情報を集める方法を選ぶ。　【A1】完成！

【A1-1】適切なICTを選んで情報を集める。	チェック	【A1-2】電子メールを使って情報を集める。	チェック	【A1-3】適切な図書や辞書・辞典を使って情報を集める。	チェック	【A1-4】新聞記事から情報を集める。	チェック	【A1-5】インタビューをして情報を集める。	チェック	【A1-6】観察，見学，実験して情報を集める。	チェック	【A1-7】アンケートを作り，回収して情報を集める。	チェック

【2】必要な情報を選ぶ。　【A2】完成！

【A2-1】自分の考えとの共通点や相違点を明らかにしながら情報を取り出す。	チェック	【A2-2】統計資料から必要な情報を選ぶ。	チェック	【A2-3】人の話をメモを取り，必要な情報を取り出す。	チェック	【A2-4】図，表，グラフと文章を関係させながら必要な情報を選ぶ。	チェック	【A2-5】観察，見学，実験など経験したことから必要な情報を選ぶ。	チェック	【A】のメモ・次のめあて・ふりかえり

図 2b-5　情報活用スキルカード　【A】情報を集めるためのスキル【2】必要な情報を選ぶ

整理　▶情報の収集，関連付ける

「整理」とは，集めた情報を理解するために関連付けたり，分類したりする際に発揮するスキルです。

整理の型は，「整理方法を決める→整理方略を考える→情報を整理する」です。

「整理方法を決める（Step1）」では，どのような方法で情報を整理するかを決めます。整理方法には，「ノートに表を書いて整理する」「プリントにシンキングツールを印刷して整理する」「実物を並べたり分けたりして整理する」「タブレット PC のシンキングツールで整理する」「表計算ソフトで整理する」などが考えらます。整理方法を決める際は，情報活用スキルカードの『【B】情

整理スキル		
Step1	Step2	Step3
整理方法を決める	整理方略を考える	情報を整理する
・ノートに表を書く。 ・プリントにシンキングツールを印刷して書く。 ・付箋に書き，それらを並べたり，分類したりする。 ・タブレットPCのシンキングツールを使う。 ・表計算ソフトを使う。	・グループ分けの視点を決める。 ・比較する際の軸を決める。 ・適切なシンキングツールを選ぶ。 ・適切なグラフ（棒グラフ，折れ線グラフなど）を選ぶ。	・選択した方法・方略で情報を整理する。 ・目的を明確にしてから整理する。 ・収集した情報からどのような課題が解決できるのかを考えながら整理する。

図 2b-6 整理の型

報を整理するためのスキル』（図 2b-7）が参考になります。

「整理方略を考える（Step2）」では，情報の整理の仕方を考えます。整理の仕方を考えるとは，必要な情報をグループ分けするのに，どのようなグループで分類するのかを考えたり，どのようなシンキングツールを選択して情報を整理するのかを考えたりすることです。整理方略を考える際は，情報活用スキルカードの『【B】情報を整理するためのスキル・考えを整理するためのシンキングスキル・シンキングツール』（図 2b-7）が参考になります。

「情報を整理する（Step3）」では，前の Step で決めた方法・方略で情報を整理していきます。シンキングツールで情報を整理する際は，それぞれのシンキングツールがどのような目的で使われるものかを把握し，シンキングツールのどこにどのようなことを書けばよいのかを指導した上で，情報を整理する活動に取り組むことが大切です。

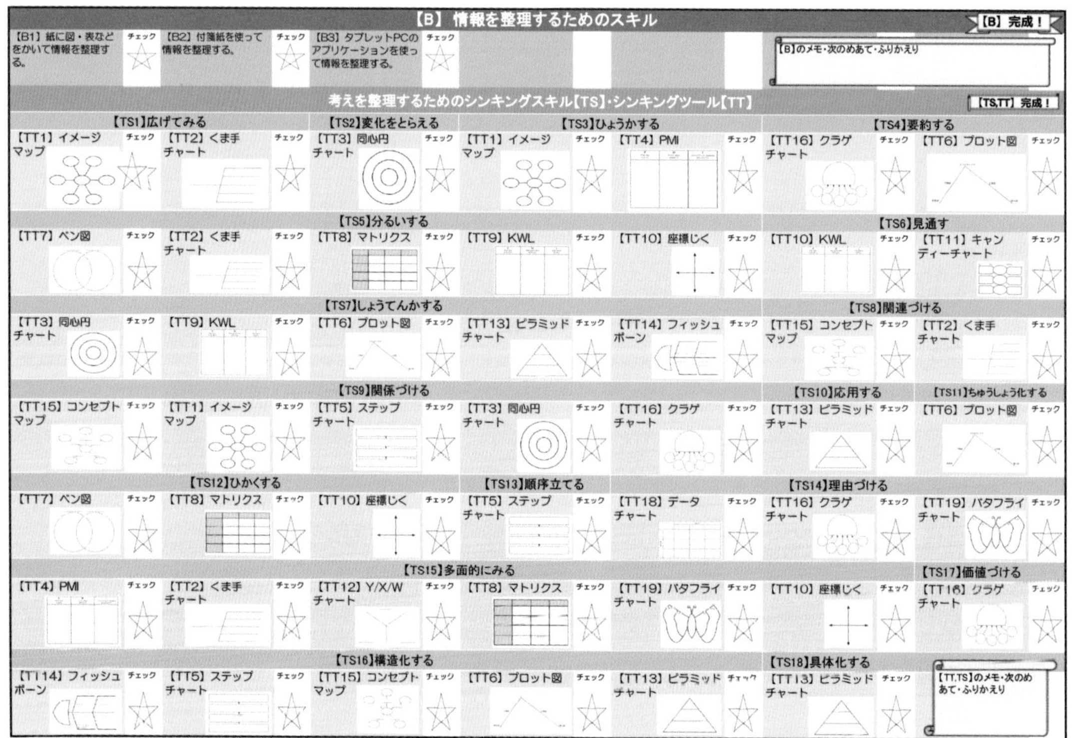

図 2b-7　情報活用スキルカード　【B】情報を整理するためのスキル

分析

▶整理・分析，吟味する

「分析」とは，収集した一つ一つの情報を様々な視点で多面的に捉え，理解を深める際に発揮するスキルです。例えば，課題を基に収集した情報を，教科の見方・考え方の視点で再整理することを通して多面的に捉え，収集した情報に対する理解を深める活動が考えられます。他にも，作り出した作品についての評価をアンケートで集め，回答結果を「改善の必要性が高い・低い」「改善に時間がかかる・すぐに改善できる」の視点で再整理するといった活動が考えられます。

分析の型は，「分析方法を決める→分析方略を考える→分析する」です。

「分析方法を決める（Step 1）」では，どのような方法で分析するのかを決めます。方法とは，「ノートやワークシートなどの紙に書いて分析する」「付箋を動かして分析する」「表計算ソフトに入力して分析する」「タブレット PC のアプリケーションにあるシンキングツールに書いて分析するなどの方法が考えられます。

「分析方略を考える（Step2）」では，分析の仕方を考えます。例えば，情報をグラフ化するという方略で整理し，数値を比較して分析したり，多面的にみることができるシンキングツール（Y/X/W チャート，マトリクス）で整理するという方略で分類して分析したりします。分析方略を考える際は，情報活用スキルカードの『【B】情報を整理するためのスキル・考えを整理するためのシンキングスキル・シンキングツール』（図 2b-7）が参考になります。

「分析する（Step3）」は，前の Step で決めた方法・方略で情報を分析していきます。分析する際は単元の課題を解決する上で，集めた情報からどのようなことが言えるのかということを考えながら分析を進めることが大切です。

分析スキル		
Step1	Step2	Step3
分析方法を決める	分析方略を考える	分析する
・ノートやワークシートなど紙に書いて分析する。 ・付箋を動かして分析する。 ・表計算ソフトに入力して分析する。 ・タブレットPCのシンキングツールで分析する。	・付箋を動かし，分類したことを基に分析する。 ・表にしたことを比較して分析する。 ・グラフ化した数値を比較して分析する。 ・適切なシンキングツールを選んで分析する。	・選択した方法・方略で整理した情報を分析する。 ・目的を明確にしてから分析する。 ・単元の課題を解決する上で，集めた情報からどのようなことが言えるのかを考えながら分析する。

図 2b-8　分析の型

表現

▶整理・分析，考えをつくる

「表現」とは，学習で得た情報や，その学習で考えたことを書いたり，話したりする際に発揮するスキルです。

表現スキルは自分の考えを表すスキルであり，そこには特定の相手意識は含まれません。

表現の型は「表現方法を決める→表現方略を考える→表現する」です。

表現スキル		
Step1 表現方法を決める	Step2 表現方略を考える	Step3 表現する
・ノートに文章で書く。 ・話をする。 ・シンキングツールに書く。 ・絵であらわす。 ・楽器を演奏したり，歌唱したりする。 ・体を動かす。	・ピラミッドチャート・フィッシュボーンチャートで考えを構造化する。 ・クラゲチャートで事実に対する理由を考える。 ・考えをステップチャートで順序立てる。 ・体の動きの順序を図示する。	・選択した方法・方略で表現する。 ・事実と考えを区別しながら表現する。 ・表現することを通して，考えを深めたり，広げたりする。

図 2b-9　表現の型

「表現方法を決める（Step 1）」では，吟味した情報（事実）やその事実を基に考えたこと（考察）をどのような方法で表現するかを決めます。表現する方法とは，「ノートに文章を書く」「話す」「絵に表す」などが考えられます。

「表現方略を考える（Step2）」では，どのように表現するかを考えます。例えば，伝えたい内容をピラミッドチャートやフィッシュボーンチャートなどのシンキングツールで構造化するという方略が考えられます。また，クラゲチャートで事実を基に考えたことを理由付けして表現するという方略も考えられます。

「表現する（Step3）」では，前の Step で決めた方法・方略で考えを表現していきます。表現する際は，調べた事実と，それを基に考えたことを書いたり，話したりして，自らの考えをさらに深めたり，広げたりしながら表現しようとしているかが大切です。

創造　▶実行する，まとめ・表現，価値を創造する

「創造」とは，新たな価値を作り出す際に発揮するスキルです。「表現スキル」と似ているように感じますが，「表現スキル」を主に自らが考えたことを，特定の伝える相手を決めず，ただ表すために書いたり，ただ表現するために話したりするスキルとし，「創造スキル」を情報や考えを組み合わせ，特定の相手意識を明確にして，文書資料やプレゼンテーション資料，パンフレット，リーフレット，プレゼンテーション，劇などの創造物やパフォーマンスを創り出すスキルとします。

創造の型は「創造方法を決める→創造方略を考える→創造する」です。

「創造方法を決める（Step1）」では，ノートに感想文を書く，タブレット PC でパン

創造スキル		
Step1 創造方法を決める	Step2 創造方略を考える	Step3 創造する
・ノートに感想文を書く。 ・タブレットPCをでパンフレットをつくる。 ・模造紙で新聞をつくる。 ・プレゼンテーションをする。 ・紙芝居をする。	・どのような内容をどのようにまとめるかを考える。 ・どのような順序でまとめるかを考える。 ・どのようなレイアウトにするのかを考える。	・選択した方法・方略で創造する。 ・どのように創造すれば，受け手により良く伝わるのかを考えながら創造する。 ・単元の課題を解決したり，長期目標を達成したりすることからズレていないかを考えながら創造する。

図 2b-10　創造スキルの型

【C】情報をまとめるためのスキル　【C】完成！

【1】情報をまとめる方法を選ぶ。　【C1】完成！

- 【C1-1】ノートなどの紙に文，図，絵，表，グラフなどをかいたり，はりつけたりして情報をまとめる。 チェック ☆
- 【C1-2】課題や目的のためにコンピュータの文書作成ソフトを選んで，情報をまとめる。 チェック ☆
- 【C1-3】課題や目的のためにコンピュータの表計算ソフトを選んで，情報をまとめる。 チェック ☆
- 【C1-4】課題や目的のためにコンピュータのプレゼンテーションソフトを選んで，情報をまとめる。 チェック ☆
- 【C1-5】課題や目的のためにコンピュータの動画ソフト・プログラミングソフトを選んで，情報をまとめる。 チェック ☆

【C】のメモ・次のめあて・ふりかえり

【2】情報のまとめ方を選ぶ。　【C2】完成！

- 【C2-1】提案文・報告文・紹介文・感想文・説明文・物語文などの文章にまとめる。 チェック ☆
- 【C2-2】絵や写真，文章，図，表，グラフ，キャッチコピーの効果を意識してパンフレットなどにまとめる。 チェック ☆
- 【C2-3】絵や写真，文章をむすびつけてリーフレットにまとめる。 チェック ☆
- 【C2-4】絵や写真，文章をむすびつけてポスターにまとめる。 チェック ☆
- 【C2-5】絵や写真，文章，図，表，グラフを組み合わせて新聞にまとめる。 チェック ☆
- 【C2-6】手紙や電子メール，はがきをかくときのきまりに気をつけてまとめる。 チェック ☆
- 【C2-7】PCを使ってプレゼンテーションの資料やCMなどの動画資料にまとめる。 チェック ☆

【3】わかりやすく，伝わりやすくまとめる。　【C3】完成！

- 【C3-1】出来事などの描写と感想をかき分けてまとめる。 チェック ☆
- 【C3-2】注や引用などの情報を加えて，出典を明らかにしてまとめる。 チェック ☆
- 【C3-3】考えと事実を区別してまとめる。 チェック ☆
- 【C3-4】引用したり，実例をあげたりして，根拠を示してまとめる。 チェック ☆
- 【C3-5】伝えたい順序に番号，記号，矢印，アンダーライン，色を変えるなどで強調してまとめる。 チェック ☆
- 【C3-6】番号，矢印，記号などを入れて順序立ててまとめる。 チェック ☆

図 2b-11　情報活用スキルカード　【C】情報をまとめるためのスキル

フレットをつくる，模造紙で新聞をつくる，プレゼンテーションをする，紙芝居をするなどの方法が考えられます。創造方法を決める際は，情報活用スキルカードの『【C】情報をまとめるためのスキル【1】情報をまとめる方法を選ぶ【2】情報のまとめ方を選ぶ』（図 2b-11）が参考になります。

「創造方略を考える（Step2）」では，ど

スライドの作成に関すること

番号	チェック項目	4	3	2	1
H					
1	文字の大きさはよかったか	すべてのスライドで大きく見やすい文字の大きさであった	文字が大きすぎたり、小さすぎたりするスライドが1、2枚あった	文字が大きすぎたり、小さすぎたりするスライドが何枚かあった	文字が大きすぎる、小さすぎて読めないスライドがほとんどであった
2	文字数はよかったか	すべてのスライドで聞き手がすぐに読めるぐらいの文字数であった	多くのスライドが、聞き手がすぐに読めるぐらいの文字数であった	文字数が多く、直ぐに読み取ることができないスライドが半分ほどあった	文字数が多く、すぐに読み取ることができないスライドがほとんどであった
3	文字の種類に工夫はあったか	スライドの全体を通して必要に応じて、聞き手に伝えたいことを強調するために効果的な文字の種類を工夫してあった	効果的な文字の種類の工夫がいくつかのスライドであった	文字の種類の工夫をしたスライドが一枚はあった	文字の種類に工夫がなかった
4	文字の色を変える・囲む・下線を引くなどの工夫はあったか	スライドの全体を通して必要に応じて、聞き手に伝えたいことを強調するために効果的に文字の色を変えたり、囲んだり、下線を引いたりして工夫してあった	伝える上で効果的な文字の色を変える・囲む・下線を引くなどの工夫がいくつかのスライドであった	伝える上で効果的に文字の色を変える・囲む・下線を引くなどの工夫をしたスライドが一枚はあった	文字の色を変える・囲む・下線を引くなどの工夫をしたスライドがなかった　または，効果的で無いものが多かった
5	文字と図や表に関連があったか	効果的に伝えられるようにスライドの全体を通して文字と図や表が関連していた	効果的に伝える上での文字と図や表があるスライドのほとんどの文字や図や表が関連していた	文字と図や表に関連があるスライドが一枚はあった	文字と図や表の関連がないスライドがほとんどであった
I					
1	図や表がわかりやすく入っていたか	すべての図や表が聞き手にとって、見やすくわかりやすい（読み取りやすい）ように工夫されたものであった	図や表があるスライドのうち，多くのスライドの図や表が見やすくわかりやすいように工夫されたものであった	見にくい図や表があった	ほぼ全ての図や表が見やすくなかった
2	わかりやすい文章であったか	スライド全体を通して書かれている文章の全てが短く、読みやすくでわかりやすい文章であった	文章が長かったり、わかりにくい文章が1程度あった	文章が長かったり、わかりにくい文章が5程度あった	ほとんどの文章が長く、読み取り・理解しにくい文章であった
3	背景と文字や図表との関係はよかったか	全てのスライドで背景の色と文字や図表との関係がよく見やすいスライドであった	ほぼ、全てのスライドで背景の色と文字や図表との関係がよく見やすいスライドであった	半分ほどのスライドで背景の色と文字や図表との関係がよく見やすいスライドであった	背景の色と文字や図表との関係がよくなく見みくいスライドがほとんどであった
4	スライドの切り替えのタイミングやアニメーション，効果音は効果的であったか	全てのスライドで話の流れを考えてスライドを切り替えていたとともに、アニメーションや効果音があった場合は伝える上で効果的につけていた	ほぼ、全てのスライドで話の流れを考えてスライドを切り替えていたとともに、アニメーションや効果音があった場合は効果的につけていた	半分ほどのスライドで話の流れを考えてスライドを切り替えていたとともに、アニメーションや効果音がある場合は効果的につけていた	話の流れを考えてスライドを切り替えられていなかった、アニメーションや効果音があった場合は効果的ではなかった
J					
1	スライドの順番、構成はよかったか（タイトル・目次・内容・まとめ）	聞き手を意識した、プレゼンテーションの構成であり、スライドの順番を工夫し，全てのスライドにつながりを考えて作られていた	プレゼンテーションの構成を考え、スライドの順番を工夫して作られていた	基本的なプレゼンテーションの構成は考えられていたが内容がよく伝わるようなスライドの順序ではなかった	プレゼンテーションの構成やスライドの順番が考えられていなかった
2	スライドは見やすくできていたか（情報量・レイアウト）	全てのスライドがちょうどよい情報量でレイアウトも見やすく工夫されていた	ほぼ、全てのスライドでちょうどよい情報量でレイアウトも見やすく工夫されていた	半分ほどのスライドがちょうどよい情報量でレイアウトも工夫されていた	見やすいスライドがあまりなかった

図 2b-12　プレゼンテーションパワーチェックカード「スライドの作成に関すること」

PTC
(PDF簡易版)

PTC EXCEL
(詳細版, 簡易版,
白黒版)

のようなものを創り出せば自分の考えが効果的に受け手に伝わるのかを考えます。例えば，パンフレットをつくる際の創造方略を考える活動とは，どのような目次やレイアウトにするのかを考えることや，タイトルや重要な語句の強調の仕方をどのように工夫するのかを考える活動であると言えます。プレゼンテーションをつくる場合は，スライドのデザインを考えたり，伝える内容の順序を考えたり，スライドに合わせて話す内容や伝え方を考えたりすることが創造方略を考えるということにつながります。創造方略を考える際は，情報活用スキルカードの『【C】情報をまとめるためのスキル【3】わかりやすく，伝わりやすくまとめる』（図2b-11）及びプレゼンテーションパワーチェックカード（図 2b-12）の「スライド作成」のカードが参考になります。

プレゼンテーションパワーチェックカードとは，プレゼンテーションの資料を作成し，行う際に，自らのプレゼンテーションをチェックするために作成された評価の指標です。プレゼンテーションパワーチェックカードを参照しながら自らのプレゼンテーションを自己評価したり，他者のプレゼンテーションを評価したりすることで，受け手に伝わるプレゼンテーション方略を身につけることができるのです。

最後に「創造する（Step3）」では，前のStep で決めた方法・方略で新たな価値を創り出します。創造する際は，創造方略を考えた際に挙げた事柄を意識しながら，伝えたい相手（対象・ターゲット）を明確にして活動を進めていく必要があります。

発信　▶実行する，まとめ・表現，発信する

「発信」とは，創造した価値を受け手にわかりやすく伝えるスキルです。

発信の型は「発信方法を確認する→発信方略を考える→発信する」です。

発信スキル		
Step1 発信方法を確認する	Step2 発信方略を考える	Step3 発信する
・どのような方法で発信するのかを確認する。 ・プレゼンテーションをして発信する場合の注意点を確認する。 ・Webサイトに掲載して発信する場合の注意点を確認する。	・受け手にとってわかりやすい発信とは，どのように発信することなのかを考える。 ・わかりやすく発信するために，話し方や身ぶり，手ぶりなどを考える。	・伝えたいことをわかりやすく，受け手の反応を見ながら発信する。 ・受け手の反応を基に，必要の応じて，言い直したり，他の情報を補足したり，問いかけたりしながら発信する。

図 2b-13　発信の型

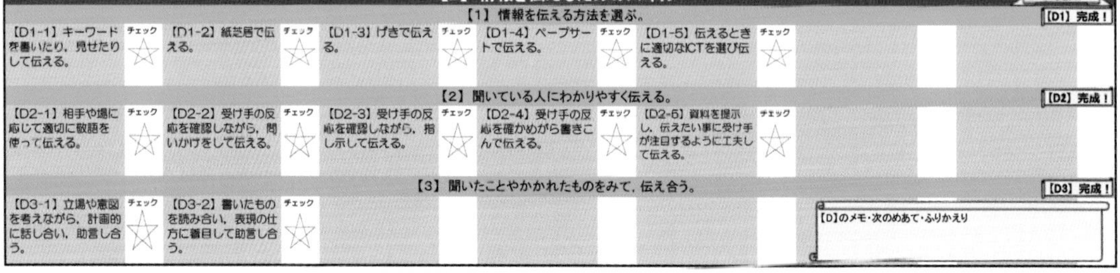

【D】情報を伝えるためのスキル　【D】完成！					
【1】情報を伝える方法を選ぶ。【D1】完成！					
【D1-1】キーワードを書いたり，見せたりして伝える。 チェック☆	【D1-2】紙芝居で伝える。 チェック☆	【D1-3】げきで伝える。 チェック☆	【D1-4】ペープサートで伝える。 チェック☆	【D1-5】伝えるときに適切なICTを選び伝える。 チェック☆	
【2】聞いている人にわかりやすく伝える。【D2】完成！					
【D2-1】相手や場に応じて適切に敬語を使って伝える。 チェック☆	【D2-2】受け手の反応を確認しながら，問いかけをして伝える。 チェック☆	【D2-3】受け手の反応を確認しながら，指し示して伝える。 チェック☆	【D2-4】受け手の反応を確かめがら書きこんで伝える。 チェック☆	【D2-5】資料を提示し，伝えたい事に受け手が注目するように工夫して伝える。 チェック☆	
【3】聞いたことやかかれたものをみて，伝え合う。【D3】完成！					
【D3-1】立場や意図を考えながら，計画的に話し合い，助言し合う。 チェック☆	【D3-2】書いたものを読み合い，表現の仕方に着目して助言し合う。 チェック☆				【D】のメモ・次のめあて・ふりかえり

図 2b-14　情報活用スキルカード　【D】情報を伝えるためのスキル

「発信方法を確認する（Step1）」では，創造した価値を，どのような方法で発信するかについて確認をします。発信方法を確認するとは，効果的な発信方法について考えるということです。例えばプレゼンテーションをして発信する場合にはどのようなことを意識しながら発信することが大切なのかを考えます。また，リーフレットやパンフレットなどにまとめたものを他者に発信する際は，まとめたものをどのように発信すれば，受け手が自ら手に取って読んでくれるのか，また，読んでもらう上でどのようなことに注意する必要があるのかということを考えます。

「発信方略を考える（Step2）」では，どのように発信すれば受け手に伝わりやすいのかを考え，準備をしたり練習をしたりします。例えば，プレゼンテーションをして発信する際は，受け手の反応に合わせながら話の順序を変えたり，情報を補足したりして伝えるために，発表原稿を覚えたり，グループの友だちとリハーサルをしたりして練習するという方略が考えられます。発信方略を考える際は，情報活用スキルカー

方法に関すること

番号	チェック項目	4	3	2	1
A					
1	しっかり声が聞こえていたか	全ての場面で全ての言葉がとてもよくきこえていた	聞こえにくいところが，２文程度あったがそれ以外はよくきこえていた	聞こえにくいところが，半分以上あった	多くの場面で聞こえにくかった
2	元気で明るい声だったか	全ての場面で元気で明るい声だった	明るくない部分が２箇所程あったがそれ以外は明るい声だった	あまり元気がない場面が発表時間の半分以上であった	多くの場面で元気がなかった
B					
1	はっきりわかりやすく、つまらずに話せていたか	全ての場面でつまらず、大変はっきりとわかりやすく話せていた	何回かつまることはあったが、はっきりとわかりやすく話せていた	所々でつまり、あまりはっきりと話せていなかった	よくつまり、何を話しているのかがわからなかった
C					
1	抑揚があったか	聞き手の反応を見ながら、伝えたい部分がわかるように抑揚をつけていた	発表前に考えていた抑揚が効果的につけられており聞きやすかった	抑揚があったが効果的な抑揚ではなかった	抑揚がなかった
D					
1	話す速さはよかったか	聞き手の反応をみて速さを工夫していた	ちょうどよい速さだった	すこし、早かったり遅かったりしていて、聞きづらかった	早かったり、遅かったりして、聞き取りにくかった
E					
1	間はとっていたか	聞き手が注目するように反応を見ながらうまく間をとっていた	前もって考えていたところで間をとっていた	間をとっていないところが多かった	間をとっていないかった
F					
1	緩急（ゆっくり言ったり，はやく言ったり）があったか	聞き手の反応に合わせて、伝えたところをゆっくり言ったり、くり返しているところをはやくいったりする工夫をしていた	伝えたいところをゆっくり言ったり早く言ったりしていた	少しの場面でスピードの変化があった	いつも同じスピードだった
2	声の高さや低さ・強さや弱さの変化があったか	聞き手の反応に合わせて、伝えたいことを考え強く話したり、静かに話したりする工夫をしていた	事前に考えていた部分で効果的に強く話したり、静かに話したりしていた	すこし変化があった	いつも同じ声の高さだった
G					
1	笑顔で楽しそうに話すことができたか	ほとんどの場面で笑顔を中心に，伝えたいことにあった表情で工夫して伝えていた	笑顔で楽しそうに伝えていた	笑顔でない場面が多かった	笑顔でなかった
2	聞き手と目を合わせて話していたか（アイコンタクト）	発表中はいつも，聞き手の反応を見ながら、全員と目を合わせようとしていた	発表の半分ぐらいの時間に，聞き手と目を合わそうとしていた	少しの時間，聞き手見ていたがほぼ聞き手と目を合わそうとしていなかった	聞き手の方を見ていなかった
3	スライドを指し示しながら話していたいか	聞き手の反応を見ながら、スライドの伝えたい部分を指し示して伝えていた	事前に決めておいたスライドの伝えたい部分を効果的に指し示しながら伝えていた	所々で指し示そうとしていたが，あまり指し示している様子はなかった	指し示していなかった
4	身ぶり手ぶりを入れて話していたか	効果的に身ぶりや手ぶりを入れ，発表がより伝わりやすくなっていた	身ぶりや手ぶりをして話していた	身ぶりや手ぶりをしていたが，効果的でなかった（無い方がよかった）	全く身ぶり手ぶりがなかった

図 2b-15　プレゼンテーションパワーチェックカード（詳細版）「方法に関すること」

PTC
（PDF簡易版）

PTC
（Excel版）

ドの『【D】情報を伝えるためのスキル』（図　2b-14）やプレゼンテーションパワーチェックカードの『方法に関すること』（図 2b-15）が参考になります。

「発信する（Step3)」では，前の Step の発信方法・方略を基に発信をします。発信スキルは自分の考えを受け手にわかりやすく伝えるスキルです。したがって，事前に準備したり，練習したりして発信することがとても大切です。そのような準備や練習を通して，受け手の反応を確認しながら，補足したり言い直したりしてわかりやすく伝えようとすることが発信するスキルを発揮している姿であると言えます。

評価　▶振り返り，振り返る

「評価」とは，創造した価値がどうであったかを評価する際に発揮するスキルです。

評価の型は，「評価方法を決める→評価方略を考える→評価する」です。

「評価方法を決める（Step 1)」では，創造物やパフォーマンスを評価する方法を決めます。評価をする方法は大きく分けて，創造物やパフォーマンスを自分自身で評価をする自己評価と，他者に評価をしてもらう他者評価の 2 つの方法があります。自己評価では，学習結果である創造物やパフォーマンスを長期目標と比較して評価する方法が考えられます。また，他者評価では，創造物やパフォーマンスについてのアンケートを作ったり，インタビューをしたりして評価する方法が考えられます。

「評価方略を考える（Step2)」では，どのように評価をするかについて考えます。自己評価では，ベン図を用いて，学習結果と学習目標を比較し，うまくいったことと，うまくいかなかったことを導き出すという方略や，パフォーマンスを動画で記録し，それを視聴しながら，達成しなかった目標を書き上げていくという方略が考えられます。

他者評価では，アンケートを実施する際の方略として，創造物やパフォーマンスについての適切な評価を得るために「どのような質問を，どのような順序で問うのか」「選択肢で回答する質問と自由記述で回答する

評価スキル		
Step1 評価方法を決める	Step2 評価方略を考える	Step3 評価する
自己評価する。		
・自分で学習結果（創造物・パフォーマンス）と単元の課題・長期目標を比較して評価する。	・学習結果（創造物・パフォーマンス）と課題・目標をベン図で比較する。 ・録画したパフォーマンスを視聴しながら課題・目標と比較する。	・シンキングツールやノートに記述しながら評価する。
他者評価する。		
・他者が，自分の学習結果と単元の課題・長期目標を比較して評価する。	・紙やPCでアンケートを作成して，評価を得る。 ・事前に質問を決め，インタビューをする。	・アンケートをして評価を得る。 ・インタビューをして評価を得る。

図 2b-16　評価の型

質問のどちらを選ぶか」「選択肢で回答する質問と自由記述で回答する質問をどのように組み合わせるのか」について事前に考えておくといった方略が考えられます。

「評価する（Step3）」では，前の Step で決めたの方法・方略を基に評価をしていきます。自己評価する際は，評価結果が残るように，ワークシートやノートに記述して記録を残すようにします。他者に評価してもらう際は，アンケートの場合は紙でアンケート用紙を作成し配付・回収したり，Google フォーム や Microsoft Forms などのアプリケーションを使って，アンケートを作成し，共有して評価を得たりすることができます。

改善

▶振り返る，振り返り，振り返る

「改善」とは，自らの創造物やパフォーマンスを評価し，浮き彫りになった課題を改善したり，次の単元の学習や，他教科の学習に活かしたりする際に発揮するスキルです。

改善の型は，「改善点を導き出す→改善方略を考える→改善する・活かせる場面を考える」です。

「改善点を導き出す（Step 1）」では，評価結果を分析し，改善点を導き出します。改善点を導き出す際には，評価結果の分析を基に，改善の必要があると考えられる評価結果を改善点として導き出します。

「改善方略を考える（Step 2）」では，分析によって明らかになった改善点から，「どの改善点が創造物・パフォーマンスをさらに良くすることにつながるのか」また，「どの改善点から改善をすればよいのか」について考えます。例えば，「改善の重要度が高いか・低いか」「すぐに改善できるか・改善に時間がかかるか」の視点で，座標軸に分類する方略が考えられます。また，導き出した改善案を改善の必要性が高いものから順に並べ，改善リストを作成したり，次の学習の計画に入れることができるようノートなどに整理して記録したりしておくといった方略も考えられます。

「改善する・活かせる場面を考える（Step

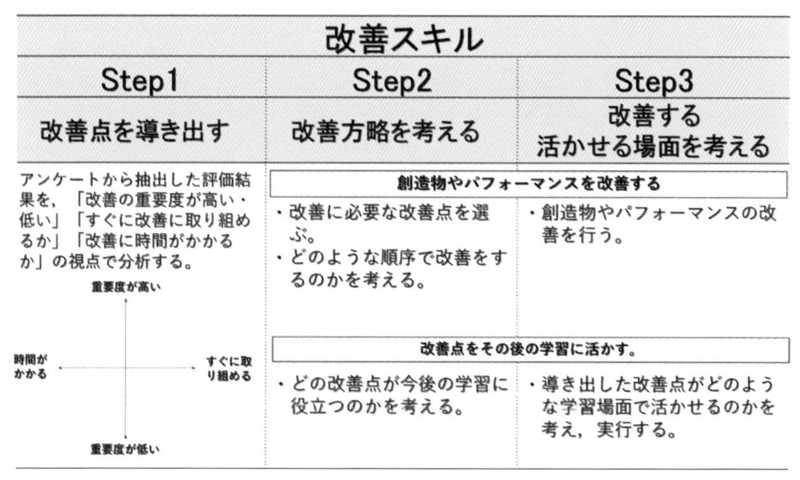

図 2b-17　改善の型

3)」では，導き出した改善点を基に，創造物やパフォーマンスの改善を行ったり，導き出した改善点が今後の学習で活かせる場面を考えたりして，今後の活動に活かしていきます。

ⓒ思考スキル

思考スキルとは，物事を考え，判断し，表現する際の基礎となるスキルです。このスキルを鍛えることで，「どのように考えればよいのか」という考え方を身につけるこ

表 2c-1　思考スキルと思考スキルを育成する教材の一覧

思考スキル	広げてみる 分類する 順序立てる 焦点化する	順序立てる 見通す	関係付ける	関連付ける 比較する	多面的にみる 分類する	理由付ける 抽象化する 構造化する	要約する 価値付ける	順序立てる 理由付ける 具体化する	評価する 変化をとらえる	理由付ける	応用する
シンキングツール	イメージマップ Y/X/Wチャート ステップチャート 同心円チャート	ステップチャート KWL	熊手チャート フィッシュボーン コンセプトマップ	熊手チャート フィッシュボーン イメージマップ コンセプトマップ	Y/X/Wチャート	クラゲチャート ピラミッドチャー	マトリクス	ステップチャート	ベン図 PMI	クラゲチャート	座標軸
シンキングルーチン	見える-思う-ひっかかる 4つの視点 ズームイン 3-2-1ブリッジ	思いつくこと-わからないこと-調べること	関連-違和感-重要-変化 コンセプトマップ	コンセプトマップ つなげる-広げる-吟味する	つなげる-広げる-吟味する なりきり 視点の輪	どうしてそう言えるの 説明ゲーム 主張-根拠-疑問	見出し 色-シンボル-画像	どうしてそう言えるの	前の考え，今の考え 赤信号・黄信号	どうしてそう言えるの	綱引き

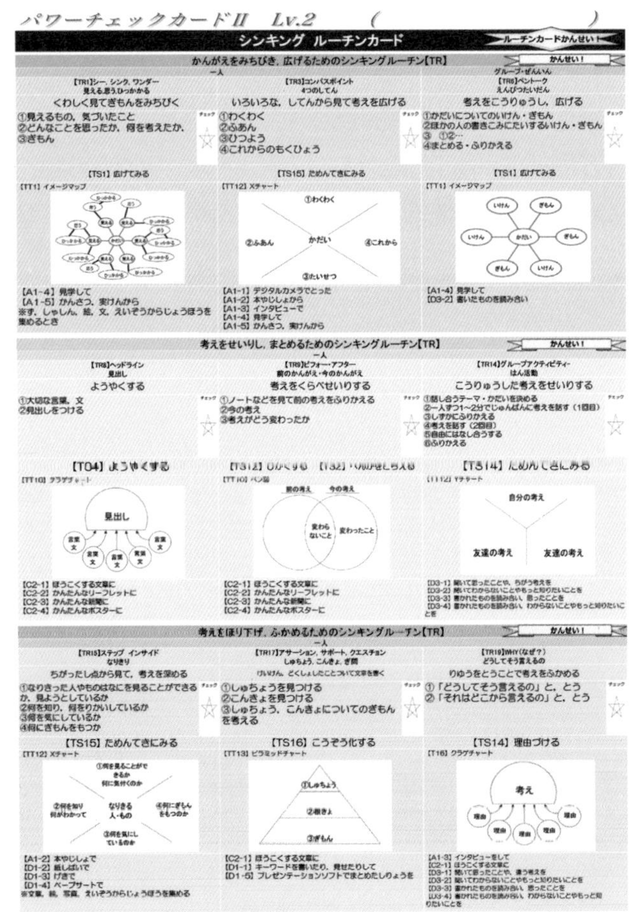

図 2c-1　シンキングルーチンカード

SRC
(PDF簡易版)

SRC（Excel版）

とができます。そして，このスキルを高めることが情報活用能力の「思考力・判断力・表現力等」の育成につながります。

本書では思考スキルを「広げてみる」「分類する」「順序立てる」「焦点化する」「見通す」「関係付ける」「関連付ける」「比較する」「多面的にみる」「理由付ける」「抽象化する」「構造化する」「要約する」「価値付ける」「具体化する」「評価する」「変化をとらえる」「応用する」の 18 スキルに分類しました（泰山 2014，黒上 2017，文部科学省 2017）。

表 2c-1 は思考スキルと思考スキルを育成するシンキングツール，シンキングルーチンの一覧です。本節では，思考スキルを育成する型として，思考スキルに対応するシンキングツールとシンキングルーチンを思考スキルの型として紹介します。

シンキングルーチンは考えを広げたり，深めたりする際の考え方の手順をルーチンとして示した思考ツールの一種です。R. リチャート，M. チャーチ，K. モリソン／黒上，小島 訳（2015）の『子どもの思考が見える 21 のルーチン』を参考に，ここに示されたルーチンとシンキングツールを対応させ，筆者が『シンキングルーチンカード』（図 2c-1）にまとめました。

シンキングツールやシンキングルーチンは，シンキングルーチンカードを子どもたちに配付し，常に確認することができるようにしておくことで，子どもたちが本カードを確認しながら主体性を発揮して学ぶ姿につながっていきます。また，シンキングルーチンカードに示されたルーチンは，Think training のサイトに一つ一つのルーチンを体験することができる練習問題として掲載しています。

広げてみる

「広げてみる」は，考えを広げる際に発揮するスキルです。

広げてみるスキルはシンキングツールの「イメージマップ」「熊手チャート」，シンキングルーチンの「見る，思う，ひっかかる」「ペントーク」「コンセプトマップ」を活用することで効果的に育成・発揮されます。

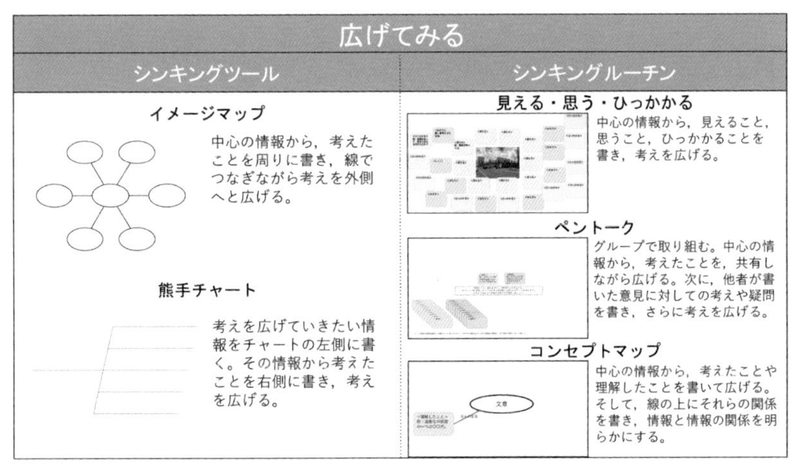

図 2c-2　広げてみるの型

分類する

「分類する」は，情報をグループ化する際に発揮するスキルです。

分類するスキルはシンキングツールの「座標軸」「マトリクス」「KWL」「PMI」「熊手チャート」「ベン図」「Y/X/W チャート」，シンキングルーチンの「思いつくこと，わからないこと，調べること」を活用することで効果的に育成・発揮されます。

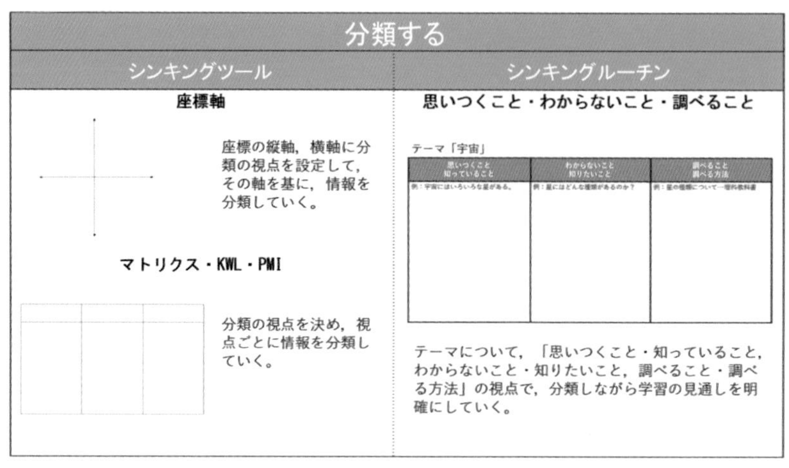

図 2c-3　分類するの型

順序立てる

「順序立てる」は，情報を何らかの基準で順に並べる際に発揮するスキルです。

順序立てるスキルは，シンキングツールの「ステップチャート」を活用することで効果的に育成・発揮されます。

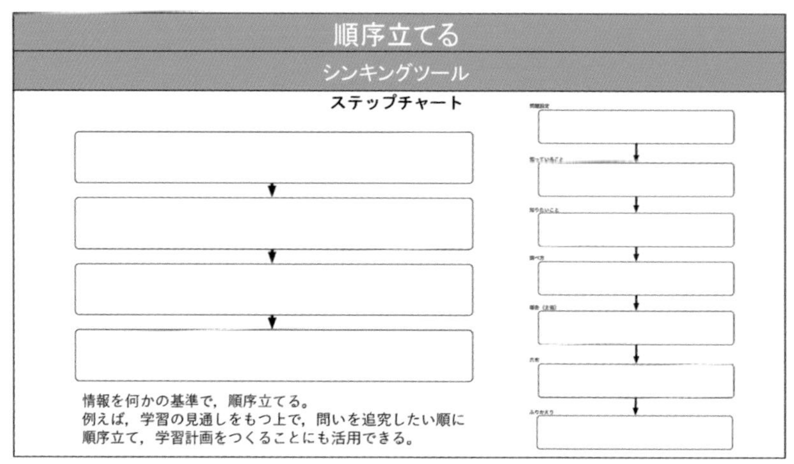

図 2c-4　順序立てるの型

焦点化する

「焦点化する」は，多くの情報から一つの情報を絞ったり，複数の情報を総合して一つの情報・考えをつくったりする際に発揮するスキルです。焦点化するスキルは，シンキングツールの「同心円チャート」「KWL」「プロット図」「ピラミッドチャート」「フィッシュボーンチャート」，シンキングルーチンの「ズームイン」「文・フレーズ・単語」を活用することで効果的に育成・発揮されます。

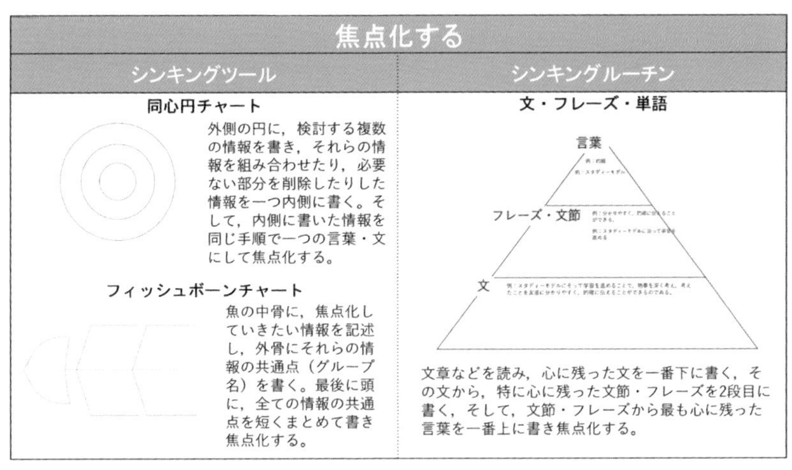

図 2c-5　焦点化するの型

見通す

「見通す」は，今後のことを予想したり，考えたりする際に発揮するスキルです。

見通すスキルは，シンキングツールの「KWL」「キャンディーチャート」，シンキングルーチンの「Think Puzzle Explore(思いつくこと，わからないこと，調べること)」を活用することで効果的に育成・発揮されます。

見通す

シンキングツール	シンキングルーチン
KWL 左のKに知っていること，真ん中のWに知りたいこと，右のLに学んだこと（これまでに学んでること）を書き学習の見通しをもつ。 **キャンディーチャート** もし ～ なら　なぜなら キャンディーの左側に，「もし～なら」を書き，真ん中に考えられる結果を書く。そして，右側の「なぜなら」に理由や根拠を書き，見通しをもつ。	**思いつくこと・わからないこと・調べること** テーマ「宇宙」 思いつくこと 知っていること／わからないこと 知りたいこと／調べること 調べる方法 テーマについて，「思いつくこと・知っていること，わからないこと・知りたいこと，調べること・調べる方法」の視点で，分類しながら学習の見通しを明確にする。

図 2c-6　見通すの型

関係付ける

「関係付ける」は，2つ以上の情報に関わりをもたせる際に発揮するスキルです。例えば，「織田信長（A）と豊臣秀吉（B）は，主従関係にある。さらに，2人の間には信頼関係がある」や「Aの集合はBの集合の包括関係にある」など，Aの情報とBの情報にどのような関わり合いがあるかを明らかにすることを関係付けると捉えます。

関係付けるスキルは，シンキングツールの「コンセプトマップ」「イメージマップ」「ステップチャート」「同心円チャート」「クラゲチャート」，シンキングルーチンの「3-2-1ブリッジ」「コンセプトマップ」を活用することで効果的に育成・発揮されます。

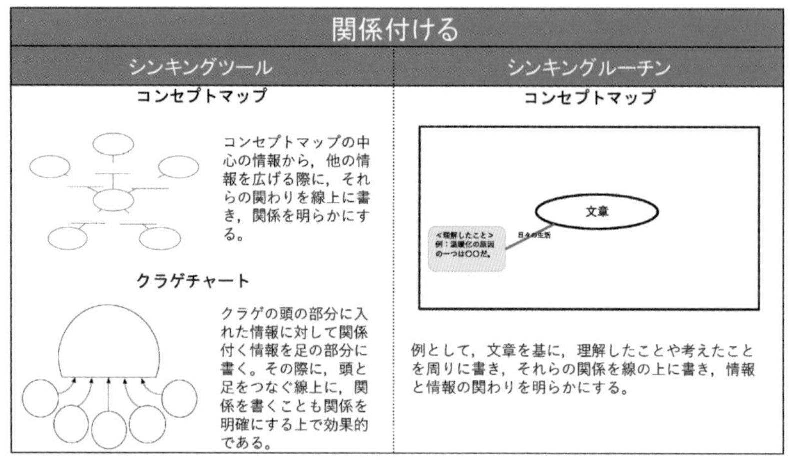

図 2c-7　関係付けるの型

関連付ける

「関連付ける」は，1つの情報と1つの情報の1対1のつながりを見つけ，結びつける際に発揮するスキルです。関連付けるは，シンキングツールの「ステップチャート」「熊手チャート」，シンキングルーチンの「3-2-1ブリッジ」を活用することで効果的

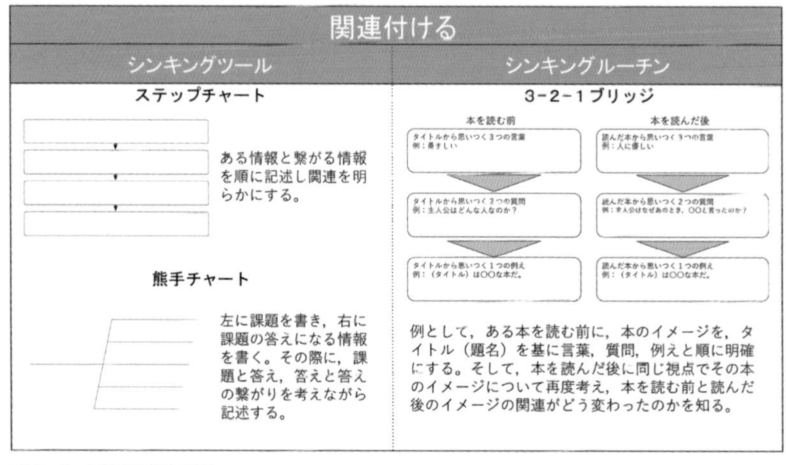

図 2c-8　関連付けるの型

に育成・発揮されます。

比較する

「比較する」は，情報と情報を比べる際に発揮するスキルです。

比較するスキルは，シンキングツールの「ベン図」「マトリクス」「座標軸」，シンキングルーチンの「前の考え，今の考え」を活用することで効果的に育成・発揮されます。

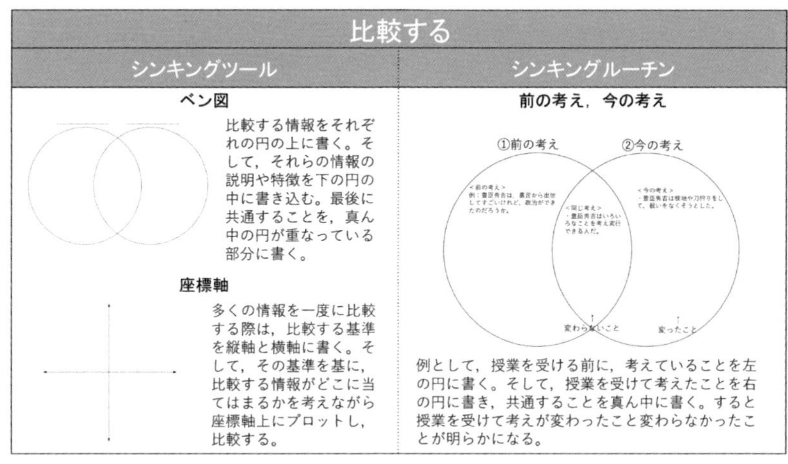

図 2c-9　比較するの型

多面的に見る

「多面的に見る」は，ある視点から見ていた情報の見方を変え，様々な視点で見直す際に発揮するスキルです。

多面的に見るスキルは，シンキングツールの「PMI」「熊手チャート」「Y/X/W チャート」「マトリクス」「バタフライチャート」「フィッシュボーンチャート」，シンキングルーチンの「4 つの視点」「関連，違和感，

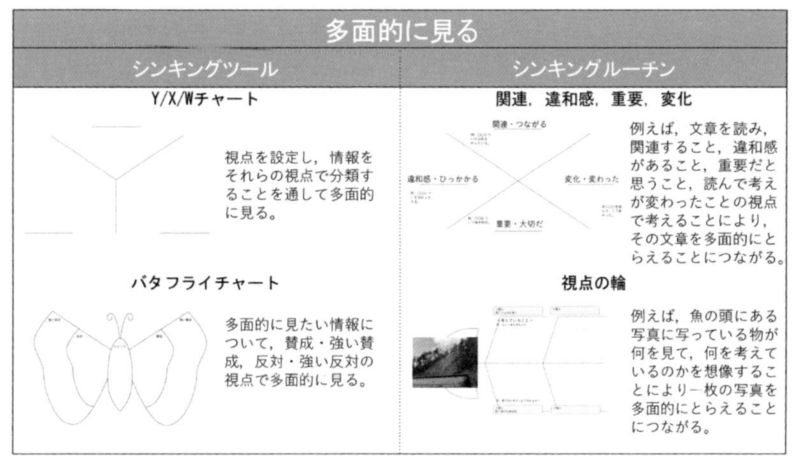

図 2c-10　多面的に見るの型

重要，変化」「色，シンボル，画像」「グループアクティビティ」「なりきり」「視点の輪」「綱引き」を活用することで効果的に育成・発揮されます。

理由付ける

「理由付ける」は，事実や考えの理由を考える際に発揮するスキルです。

理由付けるスキルは，シンキングツールの「クラゲチャート」「バタフライチャート」，シンキングルーチンの「どうしてそういえるの？」を活用することで効果的に育成・発揮されます。

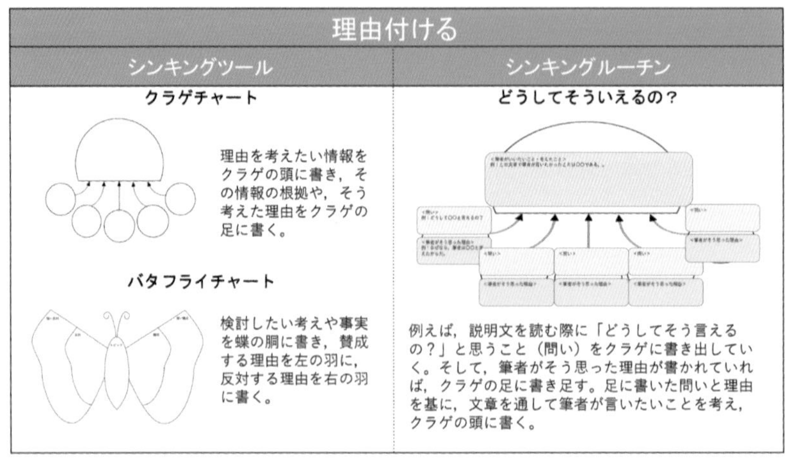

図 2c-11　理由付けるの型

抽象化する

「抽象化する」は，大切な部分を抜き出し，必要のない情報を削ぎ落とす際に発揮するスキルです。

抽象化するスキルは，シンキングツールの「プロット図」「ピラミッドチャート」を活用することで効果的に育成・発揮されます。

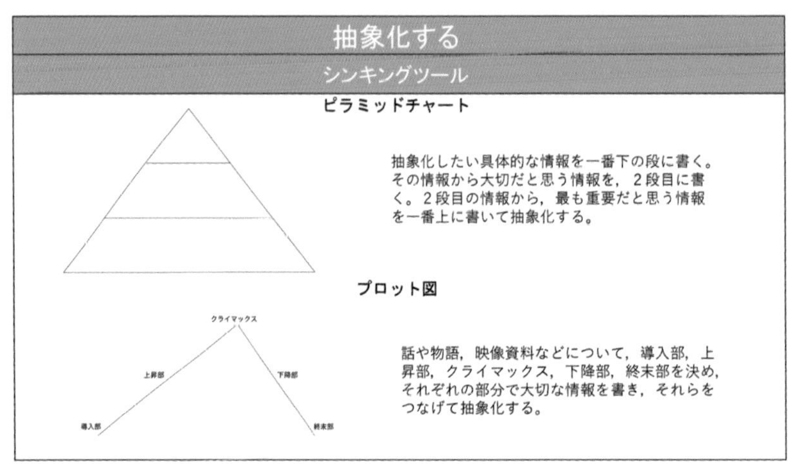

図 2c-12　抽象化するの型

構造化する

「構造化する」は，考えを組み立て文章やプレゼンテーションなどの枠組みを明確にする際に発揮されるスキルです。

構造化するスキルは，シンキングツールの「フィッシュボーンチャート，ピラミッドチャート，ステップチャート，プロット図」，シンキングルーチンの「主張，根拠，疑問」を活用することで効果的に育成・発揮されます。

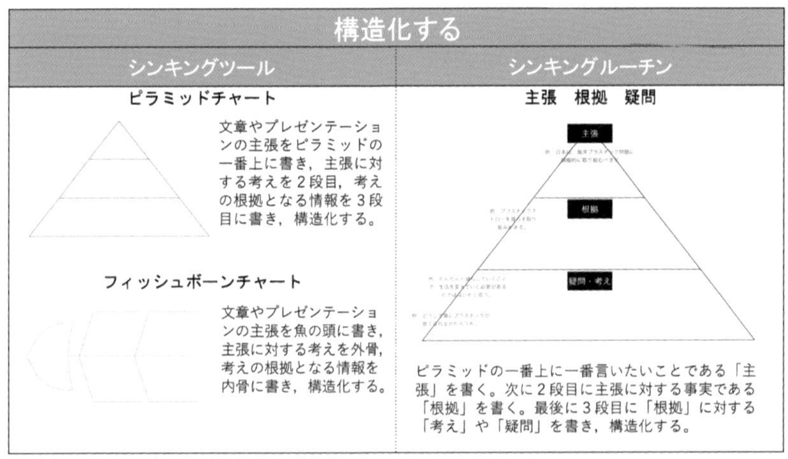

図 2c-13　構造化するの型

要約する

「要約する」は多くある情報から大切な言葉や文章を選択し，簡単にまとめる際に発揮するスキルです。要約するスキルは，シンキングツールの「プロット図，クラゲチャート」，シンキングルーチンの「見出し」を活用することで効果的に育成・発揮されます。

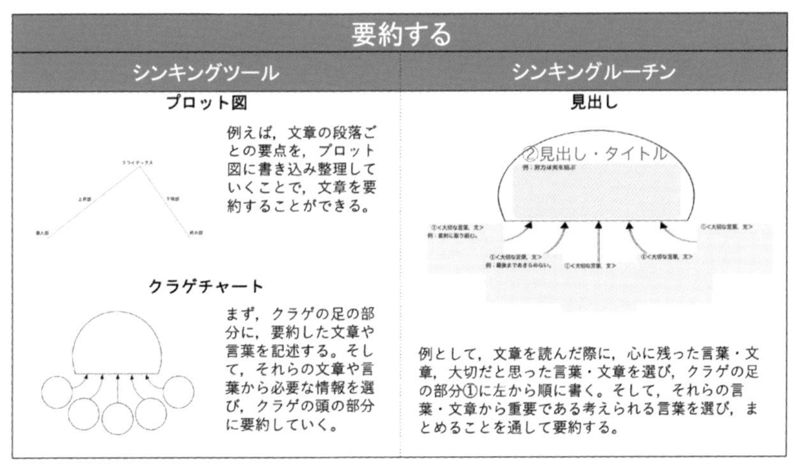

図 2c-14　要約するの型

価値付ける

「価値付ける」は，価値付けたい事柄がどの程度大切なことなのか，どのくらい役立つことなのか，どんな値打ちがあるのかを認識する際に発揮するスキルです。

価値付けるスキルは，シンキングツールの「クラゲチャート，熊手チャート」を活用することで効果的に育成・発揮されます。

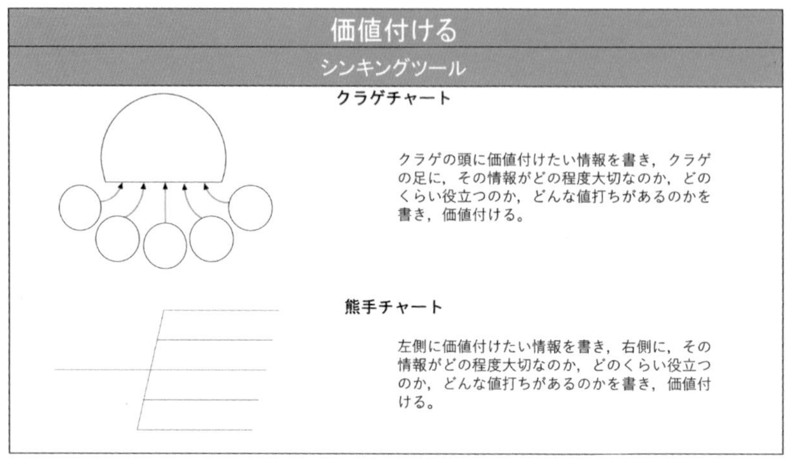

図 2c-15　価値付けるの型

具体化する

「具体化する」は，抽象化された考えや理解しにくい言葉・考えを，例を挙げたり理解しやすい言葉に置き換えたりしてわかりやすくする際に発揮するスキルです。

具体化するスキルは，シンキングツールの「クラゲチャート，ピラミッドチャート」を活用することで効果的に育成・発揮されます。

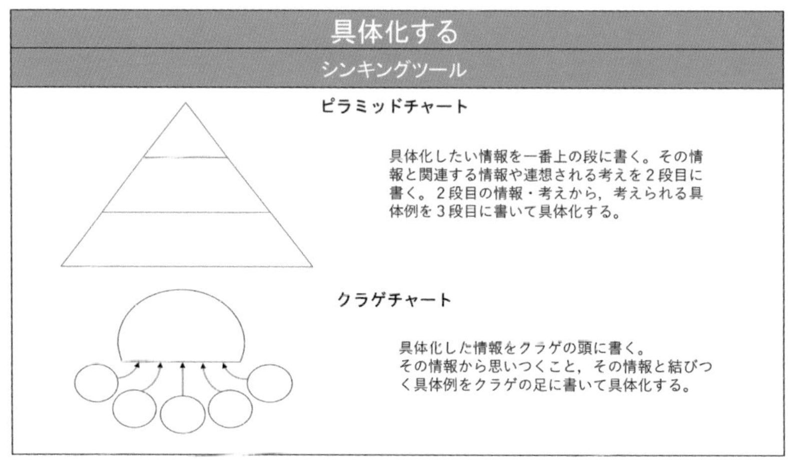

図 2c-16　具体化するの型

評価する

「評価する」は，取り組んだ学習の結果を振り返る際に発揮するスキルです。

評価するスキルは，シンキングツールの「イメージマップ，PMI」，シンキングルーチンの「赤信号・黄信号」を活用することで効果的に育成・発揮されます。

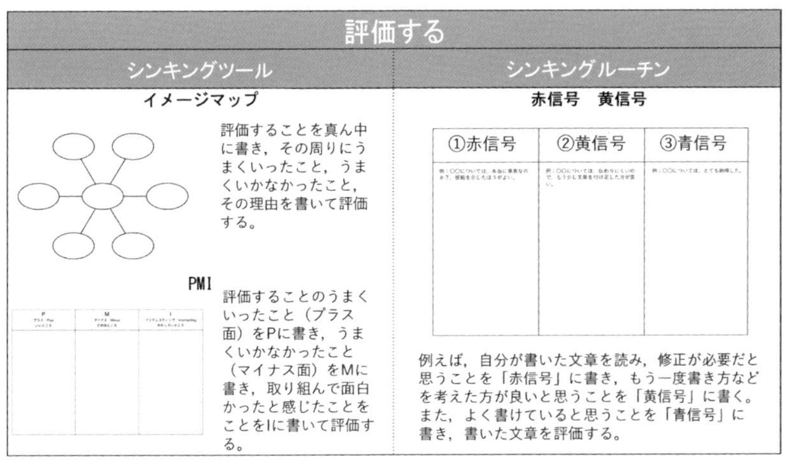

図 2c-17　評価するの型

変化をとらえる

「変化をとらえる」は，物事が変わる様子や，自らの考えの変化をとらえる際に発揮するスキルです。

変化をとらえるスキルは，シンキングツールの「同心円チャート」「ベン図」「ステップチャート」，シンキングルーチンの「前の考え，今の考え」を活用することで効果的に育成・発揮されます。

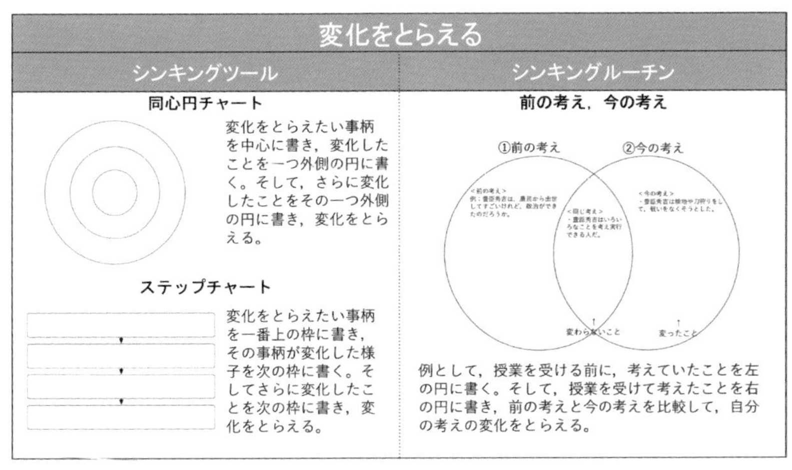

図 2c-18　変化をとらえるの型

応用する

「応用する」は集めた情報や身につけた知識を他の学習や日常生活で活用する際に発揮するスキルです。

応用するスキルは，シンキングツールの「ピラミッドチャート，イメージマップ」を活用することで効果的に育成・発揮されます。

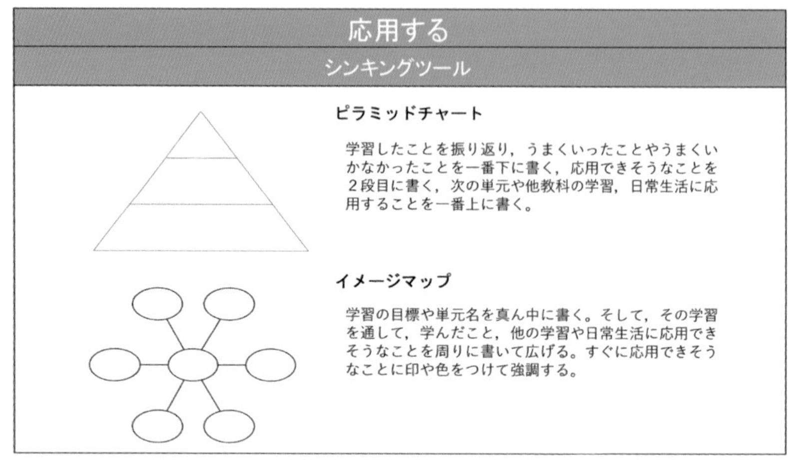

図 2c-19　応用するの型

3 主体的な学びと学習スキルの習得

子どもたちが学習スキルを習得することが，主体性を発揮する学びにつながります。第２章では，子どもたちが学習スキルを習得するための『型』をスキルごとに示しました。これらの型を，授業や日常の学校生活の中で繰り返し経験することにより，子どもたちは少しずつこれらのスキルを習得していきます。

例えば，子どもたちが問いをつくる活動をする前に，「問いをつくるのは『見える・思う・ひっかかる』でつくればいいね」と言い出したり，情報を伝える際に，自らプレゼンテーションパワーチェックカードを取り出し，伝える練習をしたりするようになるのです。教師は，このような子どもたちの変化を見逃してはいけません。子どもたちが学習スキルを発揮して学んでいる姿を見つけた際はその姿を認め，他の児童に広げていくことがとても重要な指導であると考えます。

本章で挙げた，自己調整スキル，情報活用スキル，思考スキルを一度に子どもたちに習得させることは困難です。教師が，学級の実態や学んでいる教科・単元の内容に合うものを選択し，子どもたちに少しずつ経験させていくことが大切です。また，授業とともに宿題や帯時間などでスキルを習得するための時間を設定し，取り組むことも効果的です。

一足飛びにはいきませんが，地道に，根気強く子どもたちのスキルを高める授業や活動を繰り返していくことで，子どもたちは必ず自らの学びの型を形成し，学習スキルを発揮しながら主体性を発揮して学び進める姿に行き着くことでしょう。

COLUMN

学びの型（番外編）

◆シンキングツール習得の型

子どもたちがシンキングツールを使いこなせるようになるには３つの段階の指導が重要となります。

まず一つ目の段階が助走段階です。この段階では，情報活用スキルカードを見て，子どもたちがシンキングツールの使い方を予想したり，想像したりします。

次に習得段階です。ここでは，授業や宿題でシンキングツールの正しい使い方を体験し，体験したシンキングツールの使い方や，活用方法，活用目的について理解します。

最後に習得＋活用段階です。ここでは，授業や日常生活の中で，自ら目的に応じてシンキングツールを選び活用していきます。

このように活用していくことでシンキングツールを日常的に活用することができるようになるのです。

シンキングツールの助走段階

情報活用スキルカードの配付

・情報活用スキルカードを見て，子どもたちがシンキングツールの使い方を予想したり想像したりする。

シンキングツールの習得段階

情報活用スキルカードで理解

シンキングツールの活用について授業で指導する。

・何のために使う図なのか

・どこに何を書くのか

・使うことによりどのようなことが起こるのか

・図に書き込んだことをどのように活用するのか

シンキングツールの習得＋活用段階

情報活用スキルカードを参照

シンキングツールを学習活動で活用する。

・教科横断的なツールの活用

・授業,家庭学習での活用

・カードを参照しながらシンキングツールを選択する。

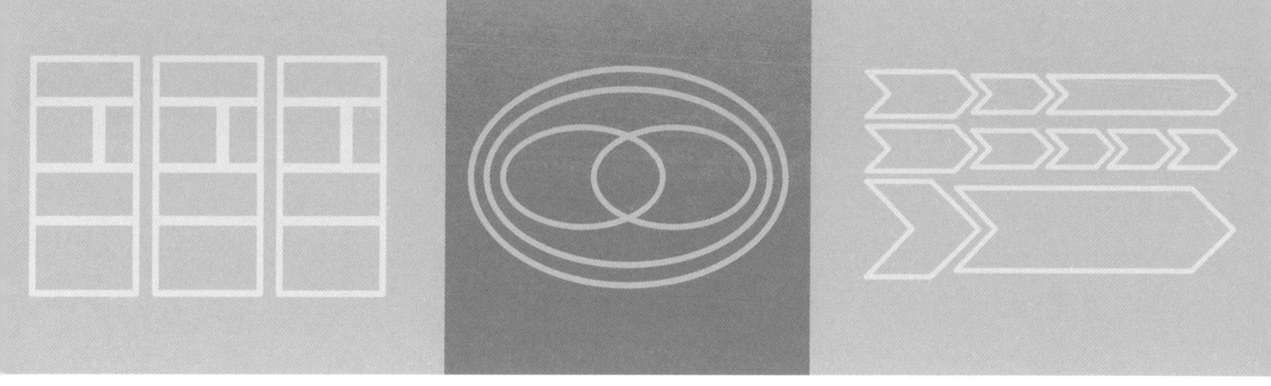

第3章

主体性を発揮する学びに至る

学習プロセス・学習スキルと学習活動

本章では，第１章で解説した学習プロセスと第２章で解説した学習スキルを基に，学習プロセスごとに発揮する学習スキルを明確にし，学習活動の設計方法について触れていきます。

その際に，育成・発揮する学習スキルがわかるよう，学習スキルを示す言葉に下線を引いて示します。学習活動がイメージしにくいときは，下線が引かれたスキルが解説されているページに戻りながら読み進めてください。

「見通す」プロセスでは，目標設定のスキルと計画立案のスキルを発揮して，今後の学習の方向性を明確にします。

「見通す」「課題の設定」「問いを見出す・解決策を考える」

はじめのプロセスは「見通す」「課題の設定」「問いを見出す・解決策を考える」プロセスです。表 3-1 はこのプロセスの位置付けを示しています。

このプロセスでは，まず，課題を分析して理解するとともに，理解した課題を基に**自己調整スキル**の目標設定スキルを発揮して学習の長期目標を設定します。

長期目標とは単元の目標のように，すぐには達成することができない大きな目標のことです（表 3-2）。長期目標を設定するためには，子どもたちが**情報活用スキル**の課題設定スキルを発揮して与えられた課題を分析し，課題に対する「問い」を見出す必要があります。

「問い」を見出すときには，**思考スキル**の広げてみるスキルを発揮し，課題を基に「問い」を見出していきます。そして，見出した「問い」を分類し，解決したいと思う順に並べます（順序立てる）。さらに，今後の

表 3-1 「見出す」「課題の設定」「問いを見出す・解決策を考える」プロセス

自己調整	自己調整プロセス	見通す		実行する						振り返る		
	自己調整スキル	目標設定	計画立案	1時間ごとに以下の3つの段階で，自己調整スキルを発揮する。 ＜見通す＞ 目標設定・計画立案 ＜実行する＞確認・調節 ＜振り返る＞自己評価・帰属・適用		＜見通す＞ 目標設定・計画立案 ＜実行する＞確認・調節 ＜振り返る＞自己評価・帰属・適用		＜見通す＞ 目標設定・計画立案 ＜実行する＞確認・調節 ＜振り返る＞自己評価・帰属・適用		自己評価	帰属	適用
探究	探究プロセス	課題の設定		情報の収集		整理・分析		まとめ・表現		振り返り		
	単元縦断型プロセス	問いを見出す	解決策を考える	収集する	関連付ける	吟味する	考えをつくる	価値を創造する	発信する	振り返る		
	情報活用スキル	課題設定	計画	収集	整理	分析	表現	創造	発信	評価	改善	
	思考スキル	広げてみる 分類する 順序立てる 焦点化する	順序立てる 見通す	関係付ける	関連付ける 比較する	多面的にみる 分類する	理由付ける 抽象化する 構造化する	要約する 価値付ける 具体化する	順序立てる 理由付ける	評価する 変化をとらえる	理由付ける	応用する

活動で取り組んでいきたいと思う「問い」をいくつか選択し，それらを焦点化することで，一つの長期目標をつくりあげていくのです。このような手順で課題に対する「問い」を明らかにすることで，長期目標を具体的に設定することができます。

次に，課題の解決や目標の達成に向けた解決策を考えます。

解決策を考えるプロセスでは，**自己調整スキル**の計画を立案するスキルを発揮し，どのような学習方法・方略で取り組めば長期課題が解決されるのか，長期目標が達成されるのかを考えます。解決策を考える際には，長期課題・目標を解決・達成するための１時間１時間の課題（短期課題）と本時の目標（短期目標：表３－２）を記述することができる学習計画表（レギュレイトフォーム：図　3-1）を作成し，子どもたちに配付することが効果的です。

レギュレイトフォームには，単元の課題（図　3-1**A**），本時の課題（図 3-1**C**）を記述しておき，子どもたちに配付します（子どもたちがレギュレイトフォームに慣れてきたら，課題も子どもたちが記述すると良いと考えます）。そして，単元導入時に，長期目標（図 3-1**B**），個人的に追究していきたい問い（図 3-1**D**），１時間１時間の学習計画として，学習方法・方略と，活動時間の目安を（図 3-1**E**）子どもたちが考え，記述します。これらを記述することにより，子どもたちが単元の見通しを明確にもつことができるようになるのです。

表 3-2　長期・短期の課題・目標の意味

長期	**長期課題**	単元を貫いて解決する課題
	長期目標	単元を貫いて達成する目標
短期	**短期課題**	１時間で解決する課題
	短期目標	１時間で達成する目標

また，レギュレイトフォームに初めて取り組む際は，子どもたちが学習計画を立てることに慣れていないため，子どもたちが記入する部分を短期目標（図 3-1**F**）と振り返り（図 3-1**G**）のみに限定し，単元導入時にレギュレイトフォームの情報を読解して単元の見通しをもてるようにします。

このように，課題を基に，問いや長期目標を見出し，それらを解決・達成するための解決策を考える活動を行うことで，子どもたちは単元の見通しをもち，主体性を発揮して学習を進めていくことができるようになるのです。

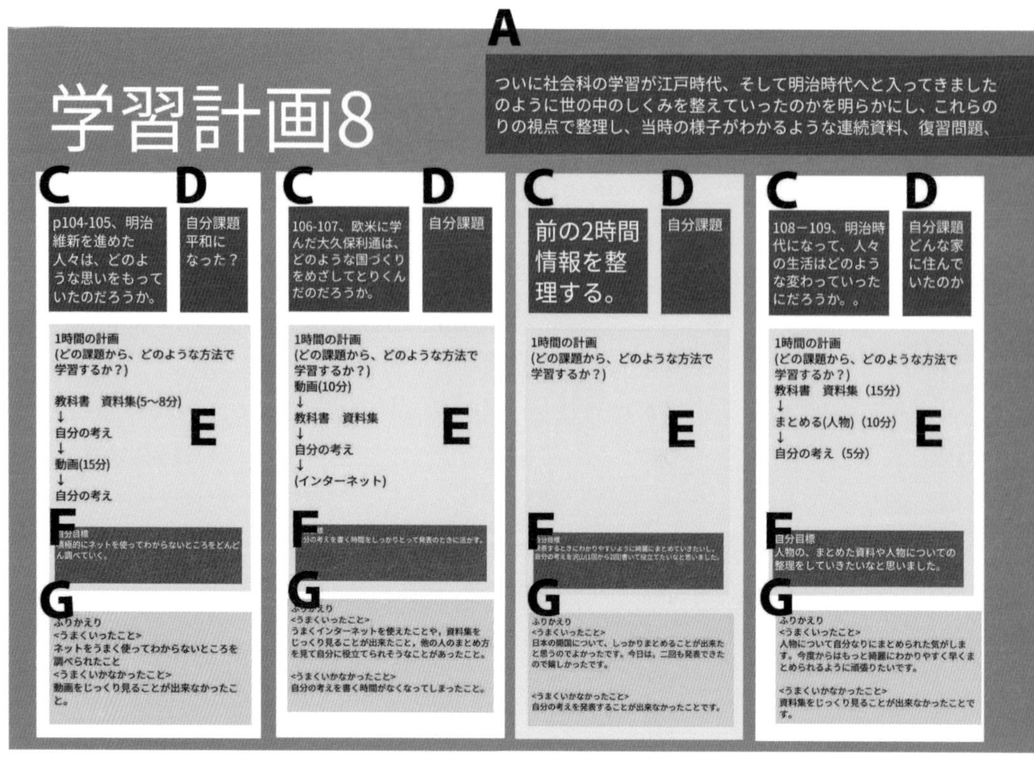

図 3-1　レギュレイトフォーム

「実行する」プロセスは，課題の解決や目標の達成に向けての学習活動を行っていくプロセスです。このプロセスでは，それぞれの時間ごとに〈見通す〉〈実行する〉〈振り返る〉という段階が繰り返されていきます。これは, 従来〈導入〉〈展開〉〈まとめ〉と表現されていた１時間の授業展開を言い換えたものです。

「実行する」プロセスにおける〈見通す〉段階では，単元の導入時に立てた短期課題（図 3-1**C**,**D**）を確認し，目標を設定するスキルを発揮して短期目標（図 3-1**F**：この時間に頑張りたいこと）を設定します。

短期目標を設定する際は，単元導入時に設定した長期目標（図 3-1**B**）や短期課題（図 3-1**C**,**D**）を参考にしながら設定するように指導・支援します。そして，短期目標を立てた後に，単元導入時に記述した学習方法・方略や活動の時間配分（図 3-1**E**）を確認し，学習の見通しを明確にしてから〈 実行する〉段階に入っていくのです。

〈実行する〉段階では，確認するスキルを発揮し，課題の解決状況・目標の達成状況と残り時間を確認しながら学習を進めていきます。状況を確認する際には，学習方法・方略が適切であるか，残り時間で課題解決や目標達成が可能であるかを確認します。

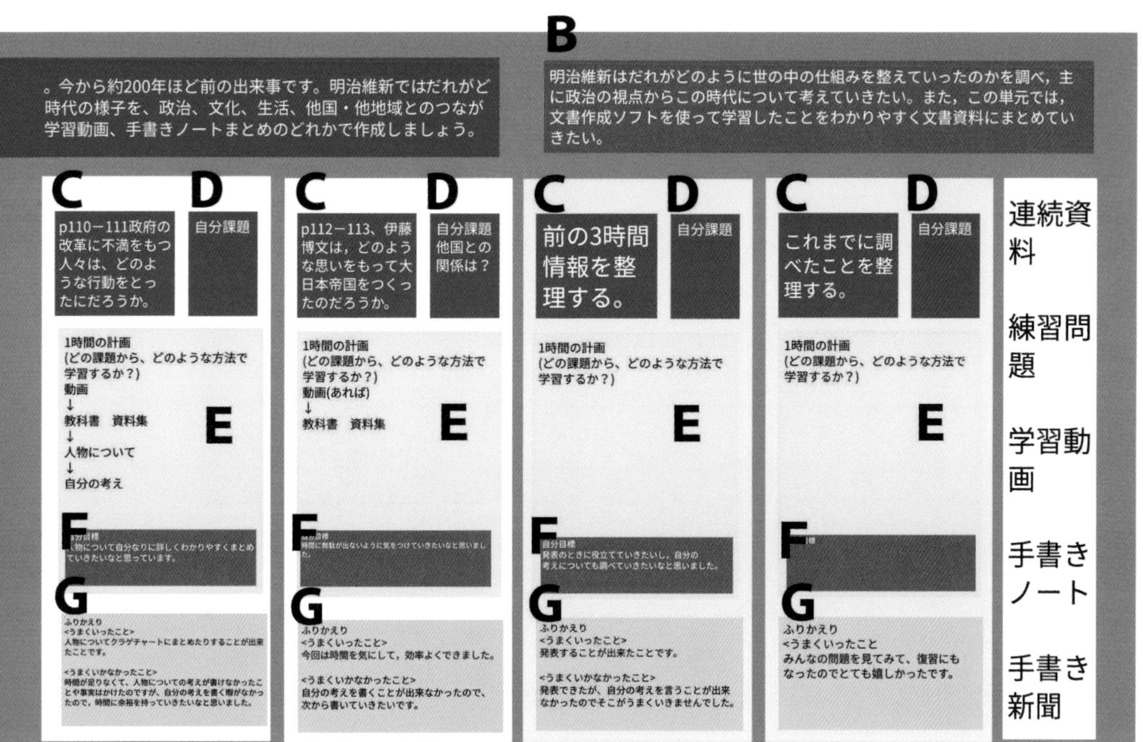

確認を通して，課題解決や目標達成が困難であると判断した場合は，学習を調節するスキルを発揮して学習方法・方略を変更・修正したり，援助を要請したりするよう指導・支援します。

最後に，〈振り返る〉段階では，自己評価するスキルを発揮して，本時の課題・目標と学習結果を比較するとともに，短期目標の達成度を振り返り，本時の学習の方法・方略が適切であったかを「うまくいったこと」「うまくいかなかったこと」の視点で評価します（図 3-1**G**）。そして，帰属するスキルを発揮してうまくいった理由やうまくいかなかった理由を考え，今後の学習で活かすことを明確にし，それらを今後の授業に活かしていく（適用する）のです。

表 3-3　『実行する』プロセスにおける 1 時間の学習の段階と自己調整スキル

実行する		
1時間ごとに以下の3つの段階で，自己調整スキルを発揮する。		
<見通す>　目標設定・計画立案 **<実行する>確認・調節** <振り返る>自己評価・帰属・適用	<見通す>　目標設定・計画立案 **<実行する>確認・調節** <振り返る>自己評価・帰属・適用	<見通す>　目標設定・計画立案 **<実行する>確認・調節** <振り返る>自己評価・帰属・適用

「実行する」「情報の収集」「収集する・関連付ける」

表 3-4 は「実行する」「情報の収集」「収集する・関連付ける」プロセスの位置付けを示しています。

〈見通す〉段階では，目標を設定するスキルを発揮し，情報を収集することについての短期目標を設定します。例えば「まず教科書をじっくり読み，必要な情報を集めることを頑張りたい」「動画を視聴するとき大切なことをメモしながら情報を集めたい」「集めた情報と情報の関係をわかりやすく整理したい」などの目標が考えられます。

また，短期目標を設定した後に，計画を立案するスキルを発揮し，単元の導入時に記述した学習計画（図 3-1**E**）を確認しながら 1 時間の学習の見通しを明確にします。

〈実行する〉段階では，収集するスキルを発揮し，課題を解決するために情報を集める様々な方法を駆使して，必要な情報を収集していきます。

情報を集める様々な方法とは，観察や実験，見学をするなど直接目で見たり，体験したりする方法と，書籍やインターネットに掲載されている資料を読んだり，視聴したりすることです。情報の収集方法を選択する際は，情報活用スキルカードが参考になります。そして，それらの方法で情報を収集しながら，課題解決につながる情報を探し，必要な情報を取り出していくのです。

必要な情報を取り出す際は，見つけ出した情報と課題との関係を考えながら情報を取り出していきます。そして，整理するスキルを発揮しながら取り出した情報と情報，もしくは情報と知識を関連付け，情報のまとまりをつくっていくのです。

このように情報を収集し，関連付けていく際に，子どもたちが自らの学習を確認するスキルを発揮し「この方法は課題を解決する上で適切な方法なのか」「何分間この方法で情報を収集するのか」「残り時間内に，どの課題とどの課題が達成できそうなのか」などを考え，学習状況を確認します。そして，情報の集め方が適切でないと判断した場合は，学習を調節するスキルを発揮し，方法を変更したり援助を要請したりして課題解決・目標達成するための調節を行うのです。

このように教師は，情報収集を行っている子どもたちに，課題解決につながる情報収集のみに集中するのではなく，自らの学習を確認しているか，そして，確認したこ

表 3-4 『実行する』『情報の収集』『収集する・関連付ける』プロセス

自己調整	自己調整プロセス	見通す		実行する						振り返る		
	自己調整スキル	目標設定	計画立案	1時間ごとに以下の3つの段階で，自己調整スキルを発揮する。						自己評価	帰属	適用
				<見通す> 目標設定・計画立案 <実行する>確認・調節 <振り返る>自己評価・帰属・適用		<見通す> 目標設定・計画立案 <実行する>確認・調節 <振り返る>自己評価・帰属・適用		<見通す> 目標設定・計画立案 <実行する>確認・調節 <振り返る>自己評価・帰属・適用				
探究	探究プロセス	課題の設定		情報の収集		整理・分析		まとめ・表現		振り返り		
	単元縦断型プロセス	問いを見出す	解決策を考える	収集する	関連付ける	吟味する	考えをつくる	価値を創造する	発信する	振り返る		
	情報活用スキル	課題設定	計画	収集	整理	分析	表現	創造	発信	評価	改善	
	思考スキル	広げてみる 分類する 順序立てる 焦点化する	順序立てる 見通す	関係付ける	関連付ける 比較する	多面的にみる 分類する	理由付ける 抽象化する 構造化する	要約する 価値付ける 具体化する	順序立てる 理由付ける	評価する 変化をとらえる	理由付ける	応用する

とを基に調節しようとしているかを見取り，学習を調節することができていない子どもに対して，指導・支援を行うことが，子どもたちの主体性を導き出すことにつながるのです。

〈振り返る〉段階では，「情報の収集」のプロセスについて，自己評価するスキルを発揮して評価をします。

その際に，本時の課題と学習結果を比較しながら「うまくいった収集方法・方略とその理由」と「うまくいかなかった収集方法・方略とその理由」を考えるように指導・支援すると子どもたちは自らの学習を評価しやすくなります。また，「〇〇の課題について十分に調べることができなかったのは，インターネットで検索すると多くの情報がたくさん出すぎて，必要な情報を選ぶのに時間がかかりすぎたからだ」「〇〇の課題については十分に情報を集めることができた。なぜなら実験をする際に，必要な情報になると思った場面で写真に撮り，それらの写真をグループ分けして整理することができたからだ」などの記述例を示せば，子どもたちは「情報の収集」のプロセスを自己評価しやすくなるとともに，そのような評価になった理由も考えやすくなります（帰属）。

このような評価を基に，次の「情報の収集」や「整理・分析」のプロセスで活かせることを明確にしておけば，ここでの学習経験が次の学習に活かされます（適用・改善）。

「実行する」「整理・分析」「吟味する・考えをつくる」

表 3-5 は「実行する」「整理・分析」「吟味する・考えをつくる」プロセスの位置付けを示しています。

〈見通す〉段階では，目標を設定し，計画を立案するスキルを発揮し，整理・分析することについての目標を設定します。例えば「集めた情報をグループ分けして，どのような情報が収集できたのかを確認したい」「集めた情報を別の視点で見直し，それらの情報についての理解を深めたい」などの目標が考えられます。また，前時の学習や以前に経験した「整理・分析」のプロセスで明らかになったことで，本時に活かせることがあれば，それを基に目標を設定します。

目標を設定した後は，単元のはじめの時間に立てた本時の学習計画（図 3-1**E**）を確認して〈実行する〉段階に入っていきます。

〈実行する〉段階では，まず，分析するスキルを発揮し，関連付いた情報（図 3-2**A**）を，別の見方で多面的にとらえ直し，吟味

表 3-5 『実行する』『整理・分析』『吟味する・考えをつくる』プロセス

自己調整	自己調整プロセス	見通す		実行する						振り返る		
	自己調整スキル	目標設定	計画立案	1時間ごとに以下の3つの段階で，自己調整スキルを発揮する。						自己評価	帰属	適用
				<見通す> 目標設定・計画立案 <実行する>確認・調節 <振り返る>自己評価・帰属・適用		<見通す> 目標設定・計画立案 <実行する>確認・調節 <振り返る>自己評価・帰属・適用		<見通す> 目標設定・計画立案 <実行する>確認・調節 <振り返る>自己評価・帰属・適用				
探究	探究プロセス	課題の設定		情報の収集		整理・分析		まとめ・表現		振り返り		
	単元縦断型プロセス	問いを見出す	解決策を考える	収集する	関連付ける	吟味する	考えをつくる	価値を創造する	発信する	振り返る		
	情報活用スキル	課題設定	計画	収集	整理	分析	表現	創造	発信	評価	改善	
	思考スキル	広げてみる 分類する 順序立てる 焦点化する	順序立てる 見通す	関係付ける	関連付ける 比較する	多面的にみる 分類する	理由付ける 抽象化する 構造化する	要約する 価値付ける 具体化する	順序立てる 理由付ける	評価する 変化をとらえる	理由付ける	応用する

します（図 3-2**B**）。

吟味とは，関連付いた情報を，学んでいる教科の見方で再分類することです。収集した情報を，異なる見方で吟味することで収集した情報に対する理解を深めることができます。例えば，理科の「天気の変化」について学ぶ単元であれば，時間ごとに収集した空の写真や天気図などの情報を，「雲の量」「雲の動き」「雲の形」といった見方で多面的に見直すことで，時間的な天気の変化と雲の関係について考えを深めることができます。また，算数科で図形について学ぶ単元では，学んだことを「辺」「頂点」「角度」「面積」「体積」といった見方で見直すことで，考えが抽象化され，次の問題解決に応用することができます。

このように吟味して関係性を考えたり，抽象化したりして導き出した自らの考えを，「考えをつくる（図 3-2**C**）」のプロセスで表現するスキルを発揮して言葉にし，会話や文字を通して伝え合うことで子どもたちの理解がさらに深まっていくのです。

情報を吟味し，考えをつくっていく際にも子どもたちが自らの学習を確認するスキルを発揮し，残り時間を意識したり学習の進捗状況を確認したりしながら学習を進めることが大切です。子どもたちが，吟味したり考えをつくったりする活動中に，学習状況を確認し，調節することができるよう，教師は声かけをしたり，授業中に確認タイムを設定したりするなど，子どもたちに学習状況の確認や調節を意識付けるための指導・支援を行うことが大切です。

〈振り返る〉段階では，本時に取り組んだ「整理・分析」プロセスについて評価をします。その際に，本時の課題と学習結果を比較しながら「うまくいった整理・分析の方法・方略とその理由」と「うまくいかなかっ

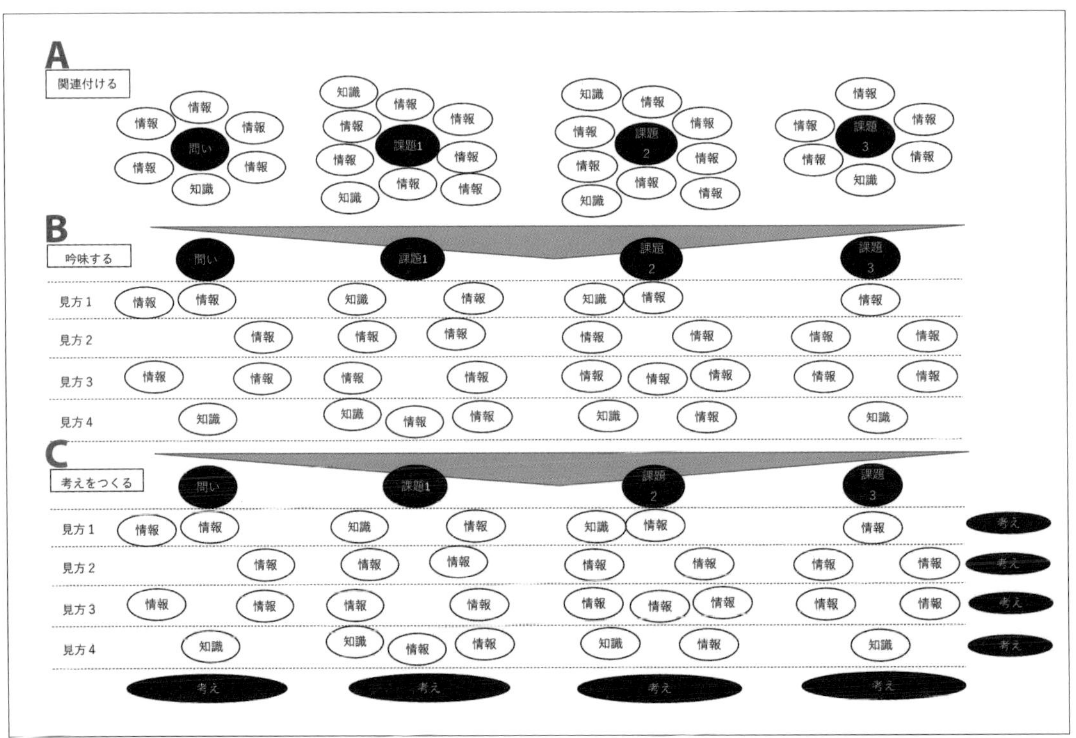

図 3-2　関連付ける，吟味する，考えをつくるプロセスのイメージ図

た整理・分析の方法・方略とその理由」を考えるように指導・支援をします。また，「集めた情報を○○と△△と□□の視点でグループ分けし，特に○○について深く考えることができた。ただ，△△についてはそこに当てはまる情報が少なく，あまり深く考えることができなかった」などの記述例を示すことで，そのような評価になった理由や原因を記述しやすくなります（帰属）。

このように，次の時間や次の「整理・分析」のプロセスで活かせることを明確にしておくことで，ここでの学習経験が次の学習に活かされていきます（適用・改善）。

「実行する」「まとめ・表現」「価値を創造する・発信する」

表 3-6 は「実行する」「まとめ・表現」「価値を創造する・発信する」プロセスの位置付けを示しています。

〈見通す〉段階では，目標を設定するスキルを発揮し，「まとめ・表現」することについての短期目標を設定します。例えば「受け手がわかりやすいように工夫してプレゼンテーションのスライドをつくっていきたい」「吟味した情報を組み合わせて受け手の理解が深まる動画を作成したい」などの目標が考えられます。

また，短期目標を設定した後に，計画を立案するスキルを発揮し，単元の導入時に記述した 本時の学習計画（図 3-1**E**）を確認して，本時の見通しを明確にします。

〈実行する〉段階では，まず，創造するスキルを発揮し，吟味した情報を組み合わせながら新たな価値を創造していきます。

新たな価値とは，吟味した情報と自らの考えを組み合わせながら，他者にわかりやすく伝えるために考え方や創造物，パフォーマンスを創り上げることです（図 3-3）。この場合の創造物は，新聞・パンフレット・レポートなどの文書資料，プレゼンテーション資料，芸術作品などを指します。また，パフォーマンスとは，プレゼンテーションやスピーチ，劇や踊り・演奏などの発表を指します。

これらの方法で新たな価値を創造する際は，吟味した情報を受け手が理解しやすいように要約したり，伝えたいことを図や表にして示したりします。さらに，伝わりにくい表現がある場合は，具体例を挙げて示すことも重要です。そして，このように伝わりやすくした情報を組み合わせ，新たな価値として創造していくのです。

表 3-6 「実行する」「まとめ・表現」「価値を創造する・発信する」プロセス

自己調整	自己調整プロセス	見通す		実行する						振り返る		
	自己調整スキル	目標設定	計画立案	1時間ごとに以下の3つの段階で，自己調整スキルを発揮する。 <見通す> 目標設定・計画立案 <実行する>確認・調節 <振り返る>自己評価・帰属・適用		<見通す> 目標設定・計画立案 <実行する>確認・調節 <振り返る>自己評価・帰属・適用		<見通す> 目標設定・計画立案 <実行する>確認・調節 <振り返る>自己評価・帰属・適用		自己評価	帰属	適用
探究	探究プロセス	課題の設定		情報の収集		整理・分析		まとめ・表現		振り返り		
	単元縦断型プロセス	問いを見出す	解決策を考える	収集する	関連付ける	吟味する	考えをつくる	価値を創造する	発信する	振り返る		
	情報活用スキル	課題設定	計画	収集	整理	分析	表現	創造	発信	評価	改善	
	思考スキル	広げてみる 分類する 順序立てる 焦点化する	順序立てる 見通す	関係付ける	関連付ける 比較する	多面的にみる 分類する	理由付ける 抽象化する 構造化する	要約する 価値付ける 具体化する	順序立てる 理由付ける	評価する 変化を とらえる	理由付ける	応用する

この段階で，子どもたちは「吟味した情報を正確にまとめることができているか（課題・目標の確認）」「このまとめ方が受け手にとってわかりやすい表現になっているのか（方法・方略の確認）」「この時間配分で時間内に作品が完成するのか（残り時間の確認）」といった視点で，学習状況を確認します。

そして，この段階での調節スキルとは，「受け手にとってわかりやすい表現にするために，大切な情報を強調しよう」「残り時間内に完成させるため，どの情報を削ればよいのか，また，レイアウトをどのように変更すべきかを考えよう」といったように創造の方法・方略，時間配分を調節します。これらの調節を子どもたちが主体的に行うことができるように指導・支援することが，主体性を発揮して学ぶことにつながっていくのです。

次に，創造した価値を発信するプロセスでは，発信するスキルを発揮して，価値を発信します。

価値を発信する際は，受け手が創り出した価値を理解できるように発信することが大切です。そのためには，伝えたいことを順序立て，そう考えた理由を示しながら発信する必要があります。そのように発信するには，本プロセスにおいても，確認するスキルを発揮し，「自分の発信が受け手に届いているか」「発信している内容を受け手が理解しているか」「残り時間で伝えたいことを全て伝えられるか」を確認しながら発信することが大切です。

これらの確認をした結果，自らの発信が受け手にうまく伝わっていないと判断した場合，調節するスキルを発揮し，声の大きさや身振り手振りを工夫したり，受け手に問いかける場面をつくったりして，自らが

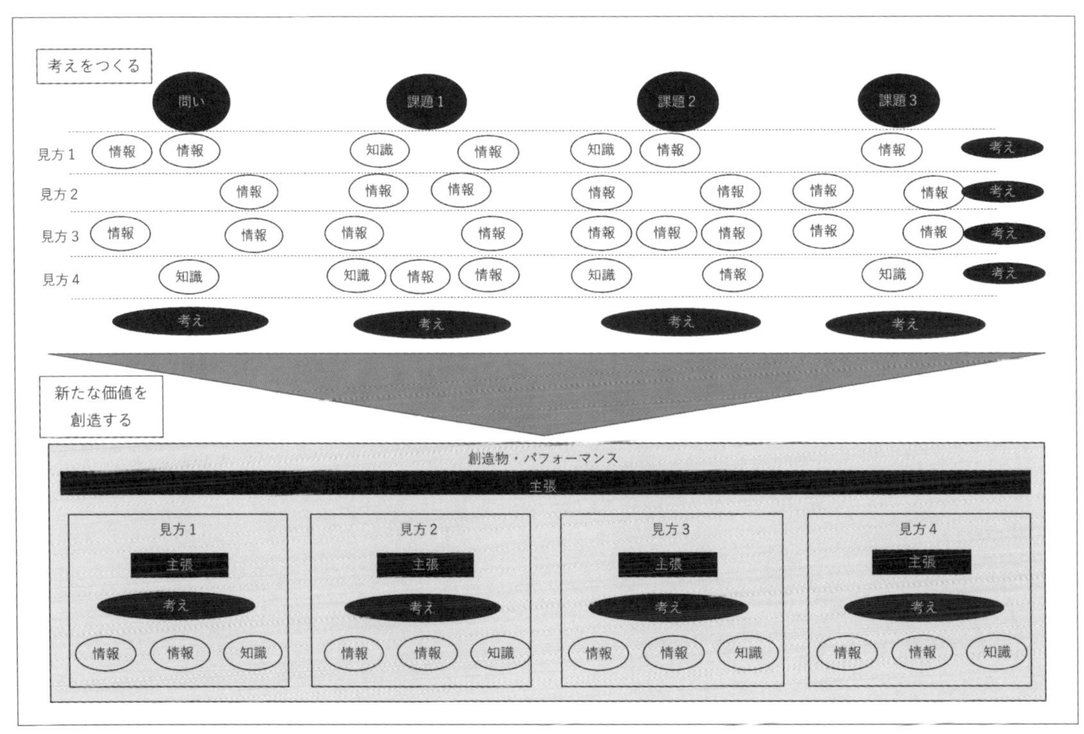

図 3-3　考えをつくる，新たな価値を創造するプロセスのイメージ図

創造した価値が受け手に伝わるように方法・方略を調節します。また，時間内に伝えたいことが全て伝えられないと判断した場合は，伝える内容を減らしたり，少し早めに話をしたりして調節する必要があることを指導・支援するのです。

〈振り返る〉段階では，「まとめ・表現」のプロセスについて自己評価するスキルを発揮して評価をします。

その際に，本時の課題と学習結果を比較しながら「うまくいった創造・発信の方法・方略とその理由」と「うまくいかなかった創造・発信の方法・方略とその理由」を考えるように指導・支援します。また，「新聞にまとめたことで，▲▲の情報をわかりやすくまとめることができた。なぜなら，写真を文章で説明したり，内容を表に整理したりしたことで受け手が理解しやすいようにまとめることができたからだ」「〇〇については，うまく受け手に伝わらなかった。なぜなら，文章だけでは理解しにくい内容であったからだと思う」などの記述例を示せば，そのような評価になった理由や原因を記述しやすくなります（帰属）。

それらの記述を基に，「まとめ・表現」のプロセスで気をつけることや活かせることを明確にしておけば，ここでの学習経験がその他の単元の「まとめ・表現」でも活かされていきます（適用・改善）。

学習活動

最後のプロセスは「振り返る」プロセスです。このプロセスでは，単元の学習を振り返り，次の授業やその他の教科の授業に活かせることを見出していきます。

「振り返る」「振り返り」「振り返る」

表 3-7 は，「振り返る」「振り返り」「振り返る」プロセスの位置付けを示しています。

このプロセスでは，単元の学習を振り返り，次の学習に活かせることを見出します。

まず，自己評価するスキルを発揮し，学習結果と，単元の課題・目標を比較します（図 3-4**A**）。そして，この単元を通して「うまくいったこと」「うまくいかなかったこと」がどのようなことなのかを挙げていきます（図 3-4**B**）。次に，帰属するスキルを発揮し，うまくいった理由とうまくいかなかった理由を明らかにしていきます。

その際に，子どもたちが毎時間書き溜めてきたレギュレイトフォームの振り返りを参照し，自らの学習がどのように変化したのかを想起すると，自己評価の結果に対する理由が記述しやすくなります（図 3-4**C**）。

最後に，評価したことによって得た情報を分析し，プロセスごとに良かった点や改善点を考えていくことで，今後の学習に活かせることが明確になります（適用・改善：図 3-4**E**）。

表 3-7 「振り返る」「振り返り」「振り返る」プロセス

自己調整	自己調整プロセス	見通す		実行する						振り返る		
	自己調整スキル	目標設定	計画立案	1時間ごとに以下の3つの段階で，自己調整スキルを発揮する。 ＜見通す＞ 目標設定・計画立案 ＜実行する＞確認・調節 ＜振り返る＞自己評価・帰属・適用		＜見通す＞ 目標設定・計画立案 ＜実行する＞確認・調節 ＜振り返る＞自己評価・帰属・適用		＜見通す＞ 目標設定・計画立案 ＜実行する＞確認・調節 ＜振り返る＞自己評価・帰属・適用		自己評価	帰属	適用
探究	探究プロセス	課題の設定		情報の収集		整理・分析		まとめ・表現		振り返り		
	単元縦断型プロセス	問いを見出す	解決策を考える	収集する	関連付ける	吟味する	考えをつくる	価値を創造する	発信する	振り返る		
	情報活用スキル	課題設定	計画	収集	整理	分析	表現	創造	発信	評価	改善	
	思考スキル	広げてみる 分類する 順序立てる 焦点化する	順序立てる 見通す	関係付ける	関連付ける 比較する	多面的にみる 分類する	理由付ける 抽象化する 構造化する	要約する 価値付ける 具体化する	順序立てる 理由付ける	評価する 変化をとらえる	理由付ける	応用する

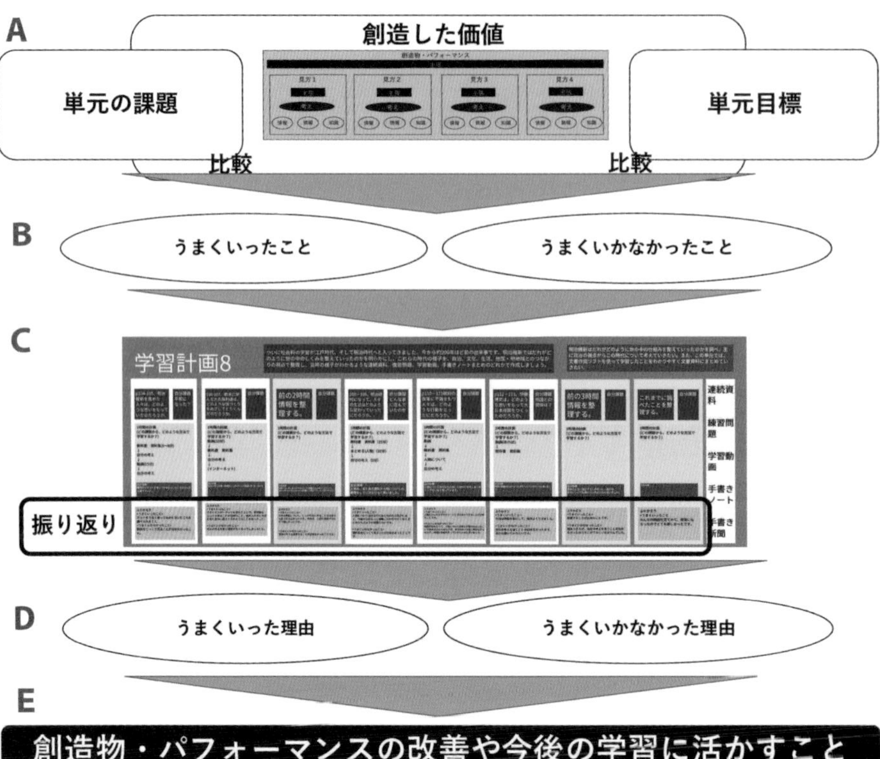

図 3-4 「振り返る」での学習活動のイメージ図

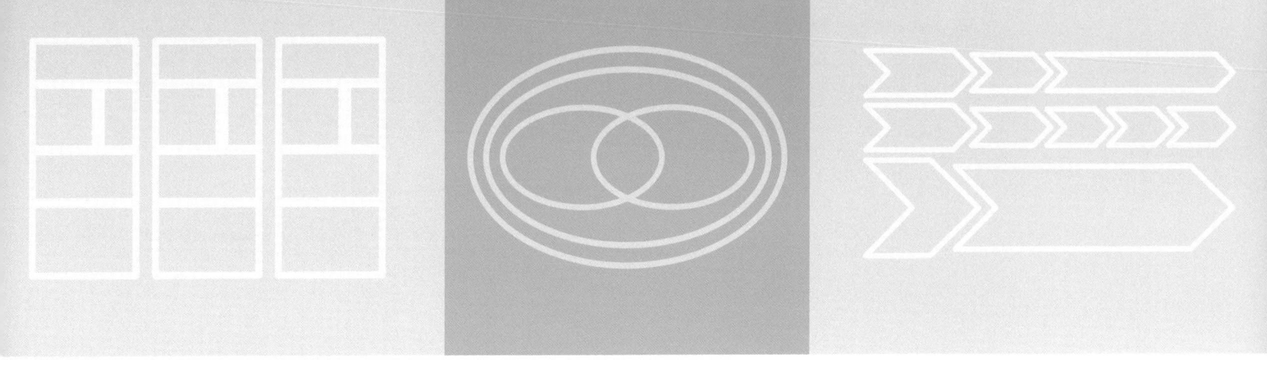

第4章

AK-Learning

1 AK-Learningモデルのコンセプト

これまで本書で解説してきた「学びの型」を私は「**AK-Learningモデル**」と名付けました（図 4-1）。

AK-Learning の〈**A**〉は，Action「活動する」，Achieve「成し遂げる・達成する」を意味します。〈**K**〉は，Keep「保つ・継続する」，know「知る」を意味します。「学びの型」にこのような名前を付けたのは，指導者や学習者が「学びの型」に対して親しみをもち，日常の中で活用してほしいと願ったことと，子どもたちが自ら主体的に活動し，生きた知識を身につけ，そのような学びを継続することで夢や願いを成就してほしいと考えたからです。

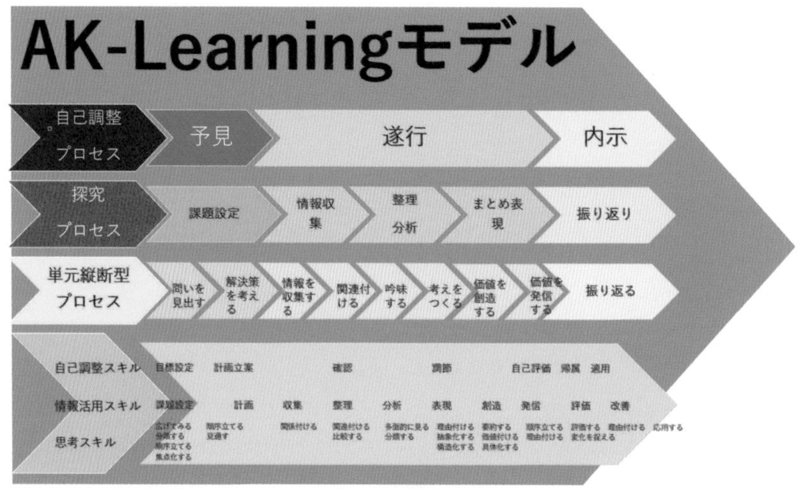

図 4-1　AK-Learning モデル

AK-Learning モデルは，子どもたちの学びの型であるとともに，教師の単元・授業づくりの型でもあります。図 4-1 のように，３つの学習プロセスと教材が絡み合いながら学習スキルを育成し発揮することができる授業を実現するのが，AK- Learning モデルです。また，本モデルは，１度の学習で終わるのではなく，様々な教科・領域，そして日常生活や学校を卒業し社会人として学ぶ際にも広く転用・波及していく「学びの型」となるのです。

このように AK-Learning モデルを発達させていくためには図 4-2 のような指導者と学習者の関係が大切です。AK-Learning での学びは，子どもたちが学習スキルの育

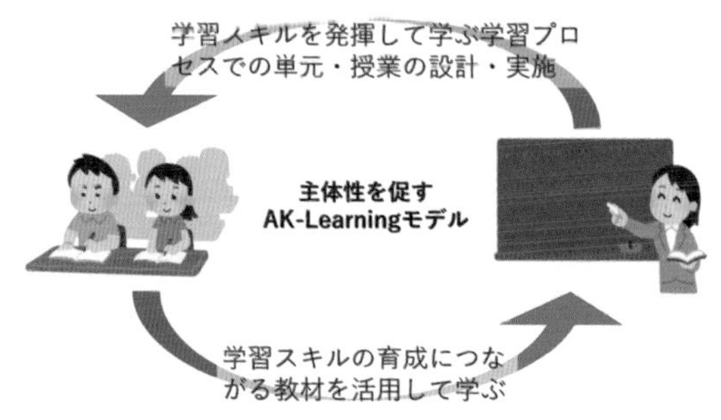

図 4-2　AK-Learning モデルにおける学習者と指導者の関係

成につながる教材を授業や家庭での自主学習で活用して，学習スキルを高めていきます。そして，教師は子どもたちが学習スキルを発揮して学ぶことができる学習プロセスを基に単元・授業を設計・実施し，子どもたちの主体性を高めていくのです。このように，AK-Learning で示した「型」を繰り返すことで，子どもたちが様々な場面で主体性を発揮して学ぶことができるようになっていくのです。

2 AK-Learning モデルの導入

AK-Learning モデルを導入するには，学校での授業や家庭での自主学習で段階的に導入していく必要があります。

図 4-3 は，AK-Learning モデルを導入するにあたってのイメージ図です。本モデルを導入し，授業や自主学習で本モデルが示す学習活動を横断的に経験することにより，子どもたちが学習方法や方略を身に付け，様々な場面で主体性を発揮して学ぶ姿に変容していきます。

ここでは，授業や家庭学習でAK-Learning モデルをスムーズに導入し，定着を図っていくために効果的な導入方法を「導入期」「融合期」「統一期」の 3 期に分けて提案します。

まず，「導入期」（図 4-4）においては，授業と自主学習を切り離します。そして，授業では 1 つの教科に絞って AK-Learning モデルの授業実践を始めます。また，自主学習では，学級で共通の学習テーマを設定し，情報活用スキルカードやシンキングルーチンカードなどを参照しながら自主学習が進められるよう指導・支援を行います。

その際，自己調整スキルを育成するために，「学習の計画を情報活用スキルとともに記述すること」「学習の振り返りを学習内容と学習方法に分け，うまくいったこと，うまくいかなかったことの視点で記述すること」を指導し，自主学習の基盤を固めることが大切です。

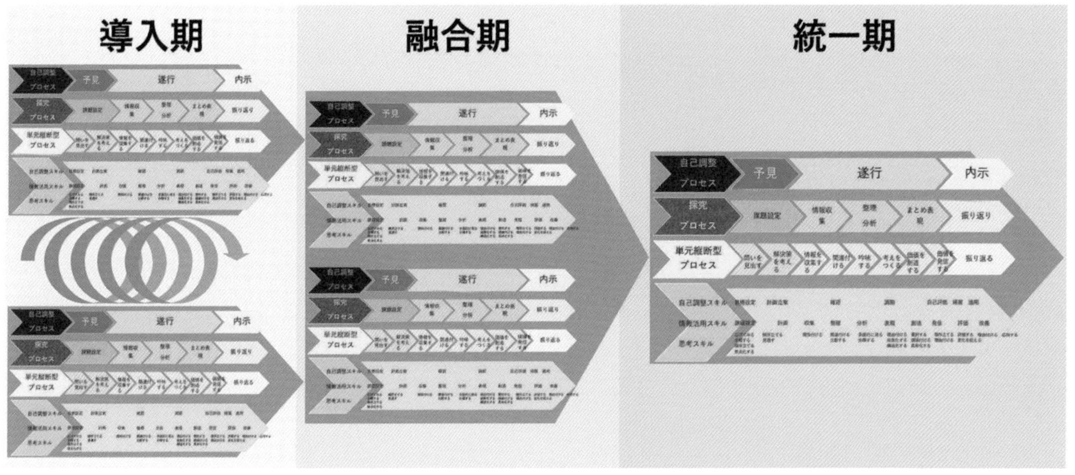

図 4-3　AK-Learning モデルの導入

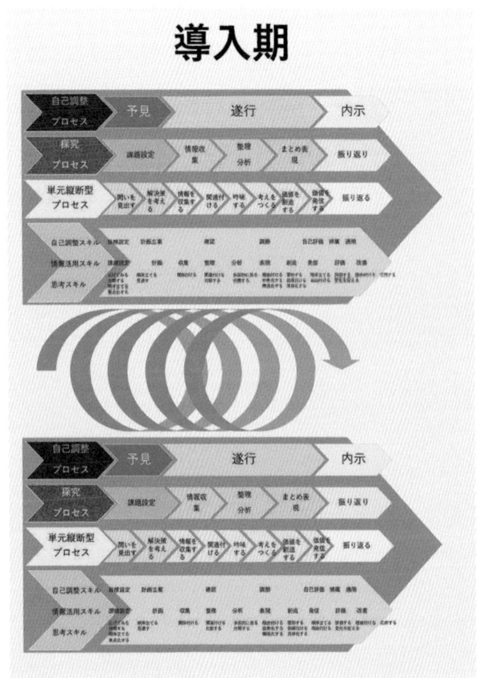

図 4-4　AK-Learning モデルの導入期

本モデルでの授業に子どもが慣れてきたら，少しずつ他教科の授業に波及させ，本モデルのプロセスに沿って授業を進めていきます。

本プロセスで教科横断的に授業を進める際に子どもたちが把握するプロセスは，探究プロセスを基にした「課題をもつ」「情報を集める」「情報を整理する」「情報をまとめる」「情報を伝える」です。自己調整プロセスや探究プロセスを軸に，教師が，単元を構想していくことで，子どもたちが徐々に主体性を発揮して学ぶ姿を見せはじめます。

また，自主学習についても，子どもたちが本モデルに沿った学習に慣れてきたら，それまで統一していた自主学習のテーマを，「授業で学習していることに関連するテーマで進めよう」といったように，授業と自主学習が関連するように発展させていきます。

このように，授業と自主学習を本モデルに沿って繰り返し進めていくことにより，子どもたちが本モデルのプロセスを把握し，スキルが育成されていくのです。

次に，「融合期」（図 4-5）では，授業と自主学習をさらに関連させていきます。具体的には，授業内容の予習や復習，発展を自主学習の課題とし，授業と自主学習で関連する学習を同じタイミングで実施していきます。

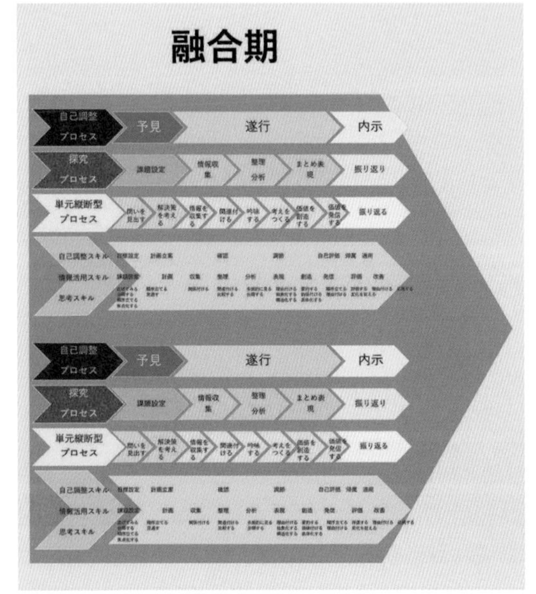

図 4-5　AK-Learning の融合期

このように取り組むことで，子どもが授業でも自主学習でも同じプロセスで学習が進むことに気付くことができます。

この段階では，自主学習に取り組ませる上で，教師が必要に応じて授業と関連する学習課題を子どもたちに提示する必要があります。また，授業の際に，自主学習での学習結果を踏まえながら授業を進め，それらの関係性を深めることも教師の役割となります。

最後に，「統一期」（図 4-6）は，子どもたちがどのような活動においても主体性を発揮して学習を進めることができるようになる段階です。子どもたちは，本モデルのプロセスを，情報活用スキルカードやシンキングルーチンカード，セルフスタディーカードを参照しながら学びを進めていきます。

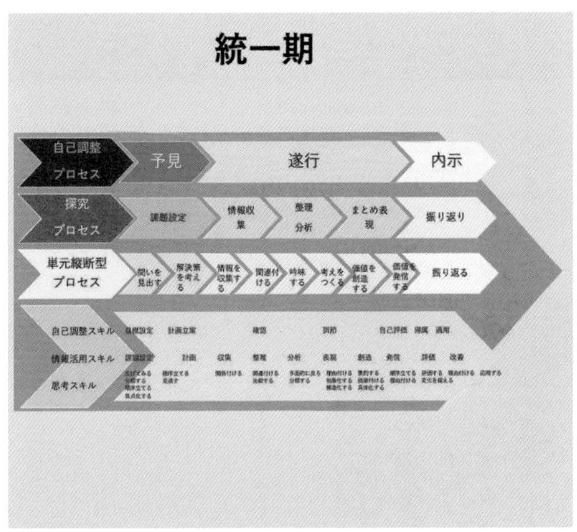

図 4-6　AK-Learning モデルの統一期

この段階では，子どもたちがこれまでの学習を通して本モデルでの学習の進め方を習得していることから，授業においては単元縦断型プロセスで情報を収集・関連付け，吟味して多面的に考えを深めたり，新たな価値を創造し，他者と共有したりする活動が子どもたち主体で展開されていきます。

また，自己調整スキルも高まっていることから，レギュレイトフォームを活用し，自分で目標を設定したり1時間のまとめの段階で自らの学習について振り返ったりする活動を子どもたち主体で行います。

このように「統一期」では学習を振り返る活動を通して，学習結果に対する課題や改善案を見出し，それらを参考にして次の時間の目標を設定するような授業が展開されるのです。また，このような主体性を発揮した学びが，授業や自主学習だけでなく，委員会活動やクラブ活動，清掃活動など様々な活動で発揮されていくように，子どもたちに促していくことが教師の役割となります。

以上のように，導入当初は「授業は授業」「自主学習は自主学習」と切り分けながらも，教師がそれぞれのプロセスが融合していくような課題を提示したり，プロセスの共通性に気付けるような支援をしたりすることで，本モデルは様々な教科・領域，日常活動等に波及していくこととなります。

これにより，どのような活動においても子どもたちが主体性を発揮して学びに向かう姿に繋がっていくのです。

3 AK-Learning Teacher カード

AK-Learning の考え方を，スムーズに授業に落とし込んでいくために，本書で解説した，学習スキルと学習プロセス，そして学習スキルを育成するための教材に「学習プロセスごとの指導・支援の方法」を AK-Learning Teacher カードとしてまとめました（付録参照）。

このカードと指導・支援例をタブレット PC に入れ，確認しながら授業づくりをしたり，ラミネートして持ち歩きながら授業をしたりすることで，AK-Learning での授業や単元の進め方を習得することができます。また，AK-Learning Teacher カードには，リンクが挿入されており，それぞれのスキルを育成するための教材に飛んでいくことができます。このカードを傍らに携帯しながら，子どもたちが主体性を発揮して学ぶ単元・授業の実現にお役立ていただけたら幸いです。

4 本書の充実と発展

本書では，新しい書籍のあり方を模索し，積極的にWebとの連携を図りました。紙媒体の書籍には二次元コードを，電子書籍には数多くのリンクを挿入し，本書の内容を充実させるとともに，今後も発展することができるよう工夫しました。本書で紹介をした，「主体性を育む学びの型」については，**AK-Learning** サイト及び YouTube の **Kimura Edu Lab** で，授業や家庭での自主学習で活用できるように発信しております。

AK-Learning サイトには，授業で使える教材や校内研修等で活用できる資料が掲載されています。また，本書の内容についてもサイト内の **AK-Learning Model** のページにて，今後発信していく予定です。AK-Learning について理解を深めたいとき，わからないことがあるときは，YouTube の Kimura Edu Lab のチャンネルで解説していますので，これらを参照いただき，お役に立てていただけたら幸いです。

AK-Learning サイト

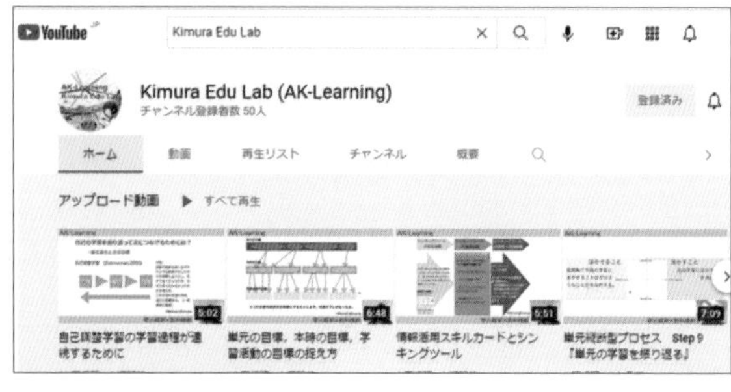

YouTube の Kimura Edu Lab

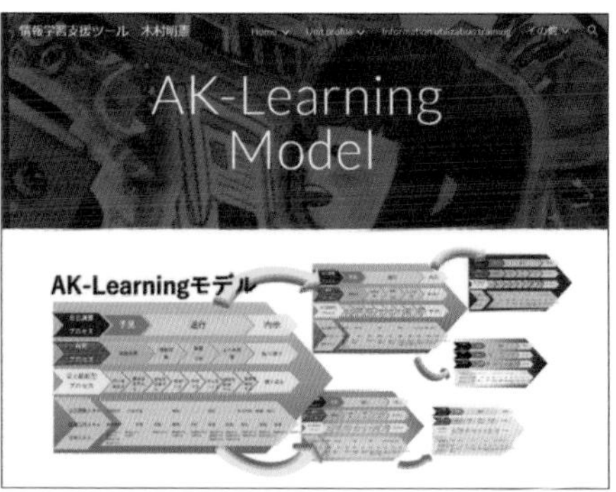

AK-Learning Model のページ

参考文献

〈第 1 章〉

◎中央教育審議会 初等中等教育分科会 教育課程部会（2019）児童生徒の学習評価の在り方について（報告）

◎伊藤崇達（2009）自己調整学習の成立過程，北大路書房

◎デューイ , J ／市川尚久 訳（1938）経験と教育，講談社

◎木村明憲，黒上晴夫，谷口生歩（2020）小学校でのタブレット PC を活用した国際交流による資質・能力の変容，教育メディア研究，26 巻 2 号

◎木村明憲 著，堀田達也，黒上晴夫 監修（2020）単元縦断×教科横断，さくら社

◎木村明憲，黒上晴夫（2021）小学校社会科における児童が主体的・対話的で深い学びの実現に向けた学習過程モデルの効果，教育メディア研究，27 巻 2 号

◎文部科学省（2017a）小学校学習指導要領

◎文部科学省（2017b）小学校学習指導要領解説 総合的な学習の時間編

◎文部科学省（2017c）小学校学習指導要領解説 総則編

◎SCHUNK and ZIMMERMAN（1998）Self-Regulated Learning, New York

◎寺西和子（1977）探求的学習過程とその教授の条件，大阪大学人間科学部紀要

〈第 2 章〉

◎木村明憲，高橋 純，堀田達也（2016）情報活用の実践力の育成を意図した自主学習における学習支援カードの活用と効果，教育情報研究，32 巻 2 号

◎木村明憲 著，堀田達也，黒上晴夫 監修（2016）情報学習支援ツール，さくら社

◎大作 光子 , 嶺坂 尚（2015）ルーブリックによる自己評価の分析を通じた探究学習の支援のあり方，日本図書館情報学会誌，61 巻 4 号

◎塩谷 京子 , 堀田 龍也 , 久保田 賢一（2015）初等教育における学校図書館の学習環境の改善，教育メディア研究，22 巻 1 号

◎黒上晴夫（2012）小学校における情報教育の位置づけについての展望，教育メディア研究，19 巻 1 号

◎泰山裕，小島亜華里，黒上晴夫（2014）体系的な情報教育に向けた教科共通の思考スキルの検討　－学習指導要領とその解説の分析から－，日本教育工学会論文誌 37（4）

◎黒上晴夫（2017）初等中等教育におけるシンキングツールの活用，情報の科学と技術，67 巻 10 号

◎ R. リチャート，M. チャーチ，K. モリソン 著，黒上晴夫，小島亜華里 訳（2015）子どもの思考が見える 21 のルーチン，北大路書房

◎文部科学省（2018）次世代の教育情報化推進事業（情報教育の推進等に関する調査研究）成果報告書

◎文部科学省（2017）小学校学習指導要領解説 総合的な学習の時間編

◎SCHUNK and ZIMMERMAN（1998）Self-Regulated Learning, New York

■著者紹介

木村明憲（きむら　あきのり）

博士（情報学），教職修士

1977 年生まれ。1999 年佛教大学教育学部教育学科卒業，2017 年京都教育大学大学院連合教職実践研究科修了，2022 年 関西大学大学院総合情報学部博士後期課程修了。京都市立小学校，京都教育大学附属桃山小学校勤務，桃山学院教育大学人間教育学部講師を経て，准教授。2010 年京都市総合教育センター研究課研究員として京都市の ICT 活用，情報教育を研究し，京都市の情報教育スタンダードを作成。2012 年パナソニック教育財団の特別研究指定を受ける。学級担任の傍ら，2011 年文部科学省　情報活用能力調査　作問委員。2016 年 NHK「しまった！情報活用スキルアップ」番組委員，2018 年文部科学省委託事業「ICT を活用した教育推進自治体応援事業「情報活用能力調査の今後の在り方に関する調査研究」」問題作成等委員会に委員として携わる。主著『情報学習支援ツール』2016 年，『単元縦断×教科横断』2020 年（いずれもさくら社）

主体性を育む学びの型
自己調整、探究のスキルを高めるプロセス

2022 年　6 月 2 日　初版発行
2023 年　8 月 1 日　2 刷発行

著　者　木村明憲
発行者　横山験也
発行所　株式会社さくら社
〒 101-0051　東京都千代田区神田神保町 2-20 ワカヤギビル 5F
TEL：03-6272-6715 ／ FAX：03-6272-6716
https://www.sakura-sha.jp　郵便振替 00170-2-361913

印刷・製本　中央精版印刷株式会社

ISBN978-4-908983-58-0　C0037

付録

携帯していつでも使える 学びの型 支援カード

◎思考スキルの型（使い方 →p.49-58）

［広げてみる］［分類する］［順序立てる］［焦点化する］［見通す］

［関係付ける］［関連付ける］［比較する］［多面的に見る］

［理由付ける］［抽象化する］［構造化する］［要約する］［価値付ける］

［具体化する］［評価する］［変化をとらえる］［応用する］

◎情報活用スキルカード（使い方 →p.36）

◎シンキングルーチンカード（使い方→p.48）

◎プレゼンテーションパワーチェックカード

「スライドの作成に関すること」（使い方 →p.43）

◎プレゼンテーションパワーチェックカード

「方法に関すること」（使い方 →p.45）

◎自己調整スキルの型「セルフラーニングカード」

（使い方 →p.35）

◎AK-Learning Teacher Card（使い方 →p.77）

※点線で切り取ってお使いください。

※思考スキルの型は、上端の●部分をパンチで開け、リングで綴じるなどすれば、
　必要な箇所の参照に便利です。

広げてみる

シンキングツール

イメージマップ

中心の情報から，考えたことを周りに書き，線でつなぎながら考えを外側へと広げる。

熊手チャート

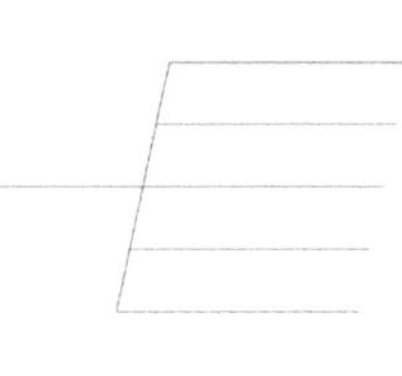

考えを広げていきたい情報をチャートの左側に書く。その情報から考えたことを右側に書き，考えを広げる。

シンキングルーチン

見える・思う・ひっかかる

中心の情報から，見えること，思うこと，ひっかかることを書き，考えを広げる。

ペントーク

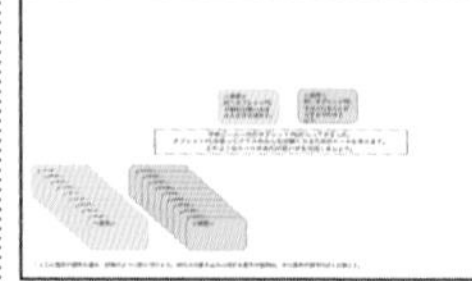

グループで取り組む。中心の情報から，考えたことを，共有しながら広げる。次に，他者が書いた意見に対しての考えや疑問を書き，さらに考えを広げる。

コンセプトマップ

中心の情報から，考えたことや理解したことを書いて広げる。そして，線の上にそれらの関係を書き，情報と情報の関係を明らかにする。

■思考スキルの型［広げてみる］

分類する

シンキングツール

座標軸

座標の縦軸，横軸に分類の視点を設定して，その軸を基に，情報を分類していく。

マトリクス・KWL・PMI

分類の視点を決め，視点ごとに情報を分類していく。

シンキングルーチン

思いつくこと・わからないこと・調べること

テーマ「宇宙」

思いつくこと 知っていること	わからないこと 知りたいこと	調べること 調べる方法
例：宇宙にはいろいろな星がある。	例：星にはどんな種類があるのか？	例：星の種類について…理科教科書

テーマについて，「思いつくこと・知っていること，わからないこと・知りたいこと，調べること・調べる方法」の視点で，分類しながら学習の見通しを明確にしていく。

■思考スキルの型［分類する］

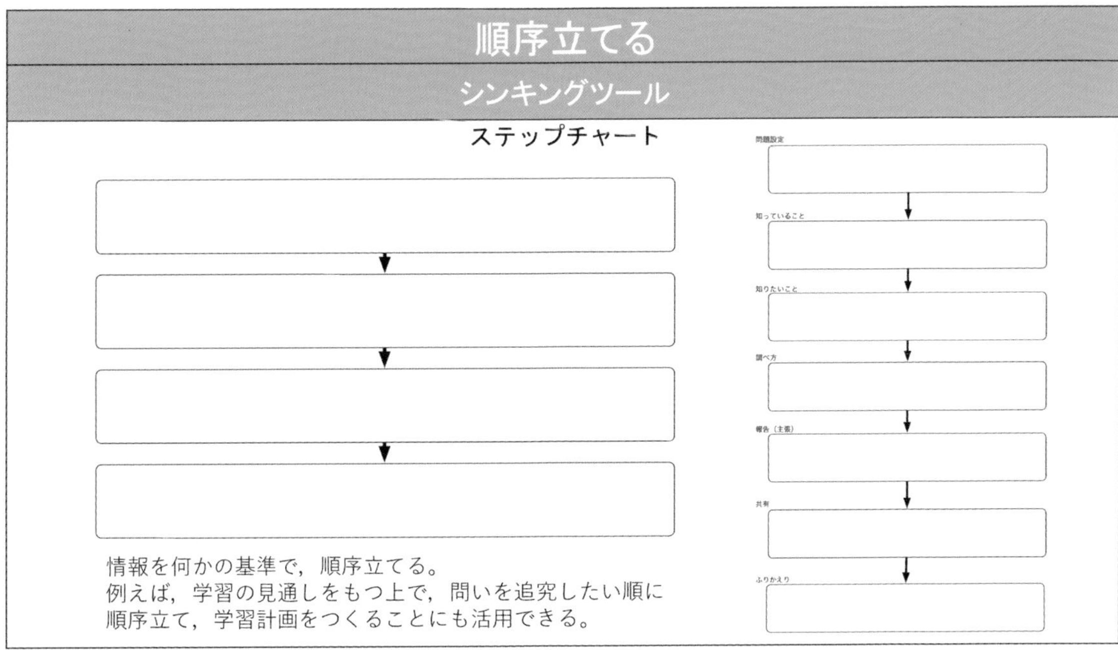

■思考スキルの型［順序立てる］

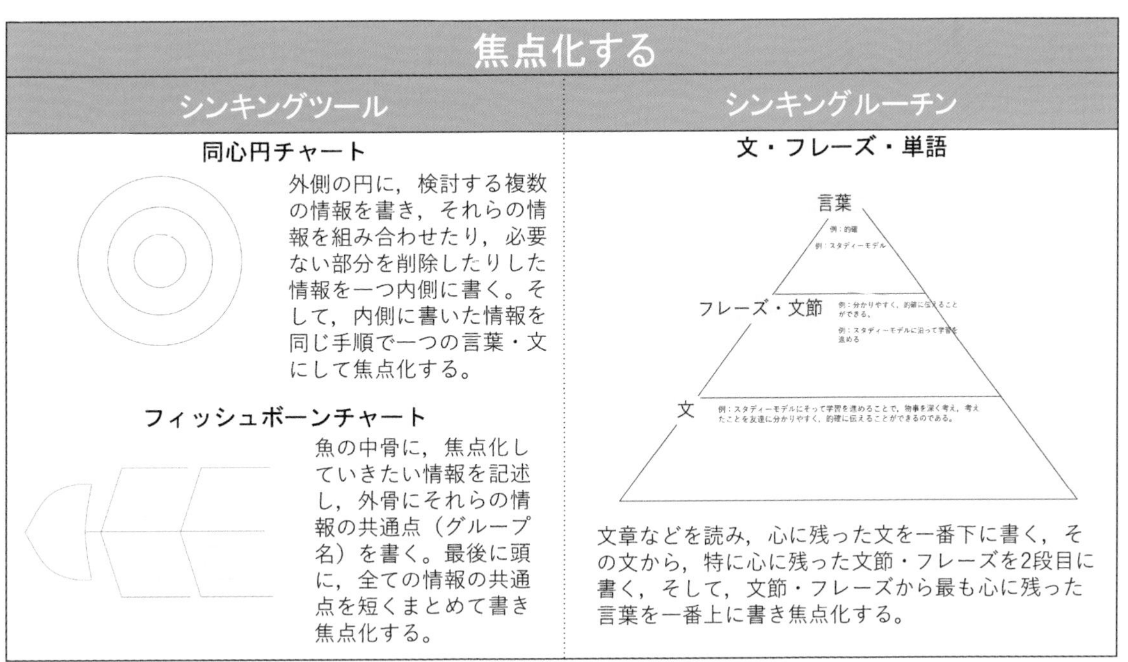

■思考スキルの型［焦点化する］

見通す

シンキングツール	シンキングルーチン

KWL

K What I know 知っていること	W What I want to know 知りたいこと	L What I learned 学んだこと

左のKに知っていること，真ん中のWに知りたいこと，右のLに学んだこと（これまでに学んでること）を書き学習の見通しをもつ。

キャンディーチャート

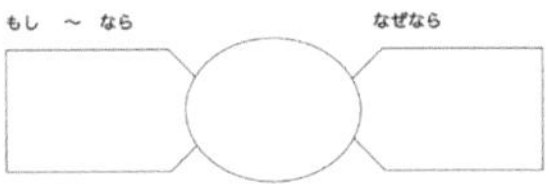

もし ～ なら

なぜなら

キャンディーの左側に，「もし～なら」を書き，真ん中に考えられる結果を書く。そして，右側の「なぜなら」に理由や根拠を書き，見通しをもつ。

思いつくこと・わからないこと・調べること

テーマ「宇宙」

思いつくこと 知っていること	わからないこと 知りたいこと	調べること 調べる方法
例：宇宙にはいろいろな星がある。	例：星にはどんな種類があるのか？	例：星の種類について…理科教科書

テーマについて，「思いつくこと・知っていること，わからないこと・知りたいこと，調べること・調べる方法」の視点で，分類しながら学習の見通しを明確にする。

■思考スキルの型［見通す］

関係付ける

シンキングツール	シンキングルーチン

コンセプトマップ

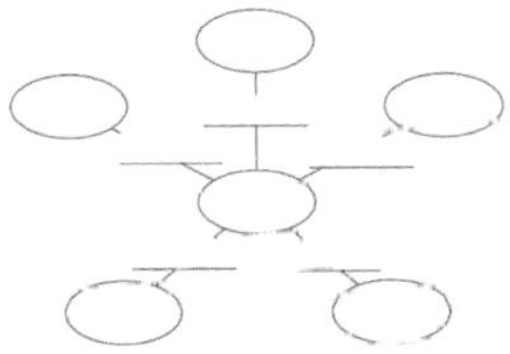

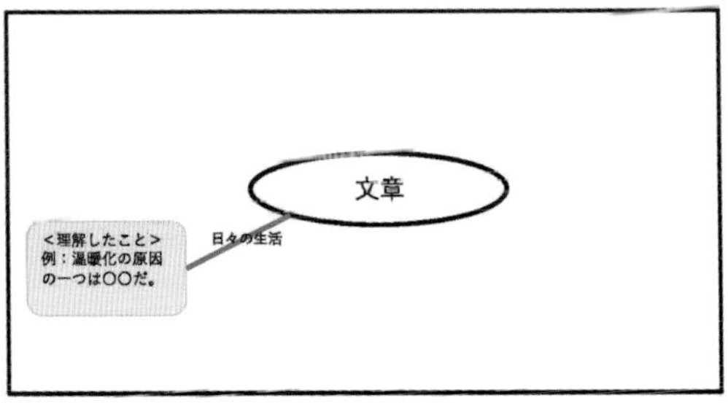

コンセプトマップの中心の情報から，他の情報を広げる際に，それらの関わりを線上に書き，関係を明らかにする。

クラゲチャート

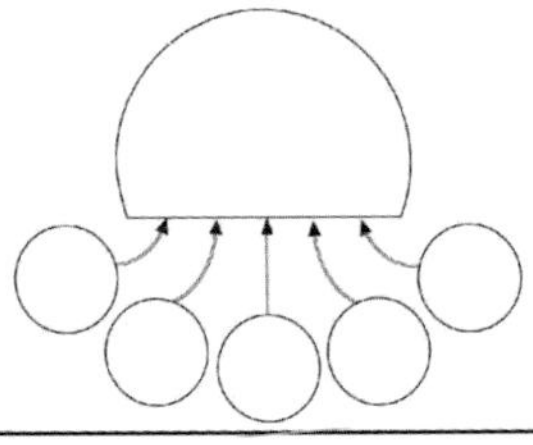

クラゲの頭の部分に入れた情報に対して関係付く情報を足の部分に書く。その際に，頭と足をつなぐ線上に，関係を書くことも関係を明確にする上で効果的である。

コンセプトマップ

文章

日々の生活

<理解したこと>
例：温暖化の原因の一つは〇〇だ。

例として，文章を基に，理解したことや考えたことを周りに書き，それらの関係を線の上に書き，情報と情報の関わりを明らかにする。

■思考スキルの型［関係付ける］

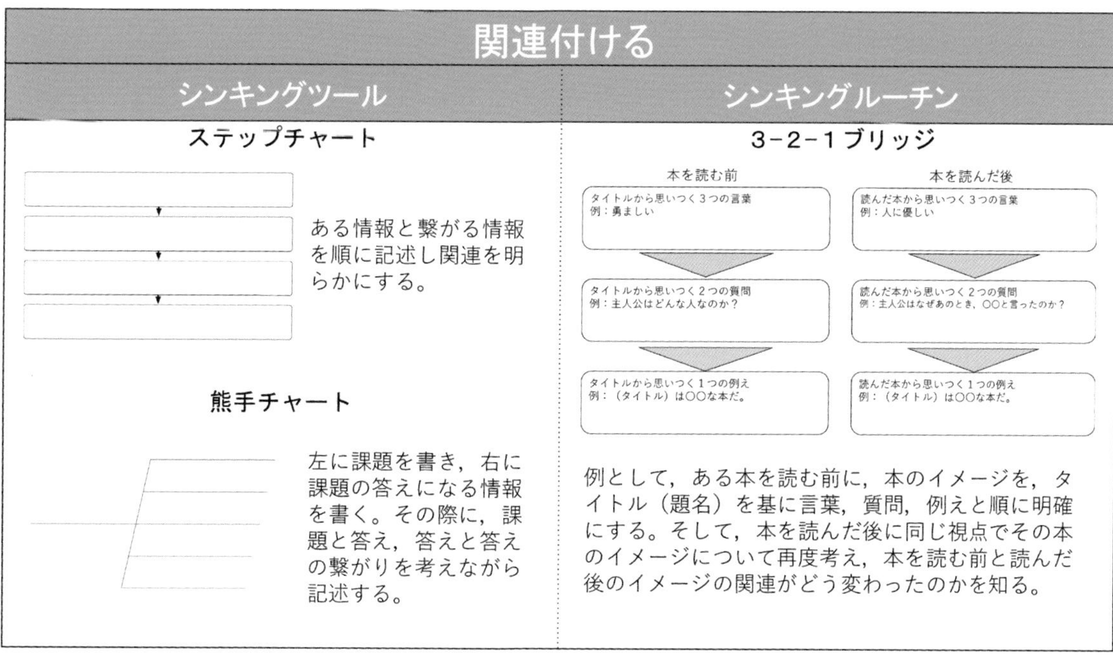

■思考スキルの型［関連付ける］

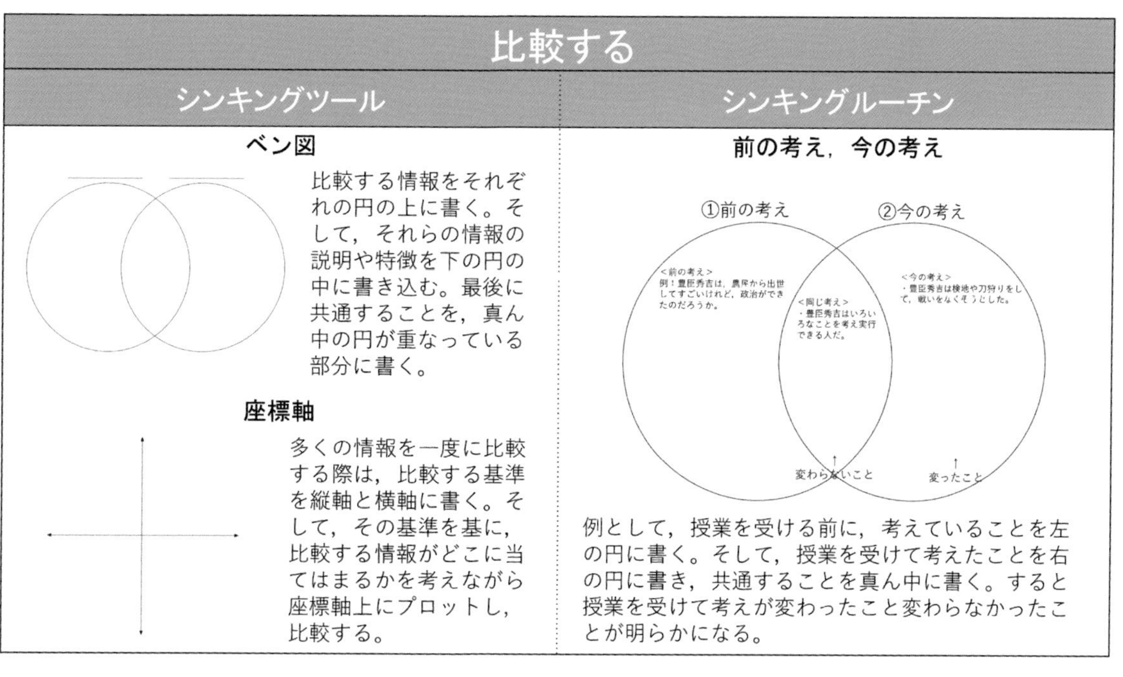

■思考スキルの型［比較する］

多面的に見る

シンキングツール	シンキングルーチン
Y/X/Wチャート 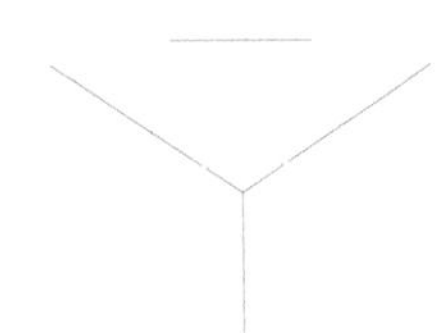 視点を設定し，情報をそれらの視点で分類することを通して多面的に見る。	**関連，違和感，重要，変化**  例えば，文章を読み，関連すること，違和感があること，重要だと思うこと，読んで考えが変わったことの視点で考えることにより，その文章を多面的にとらえることにつながる。
バタフライチャート 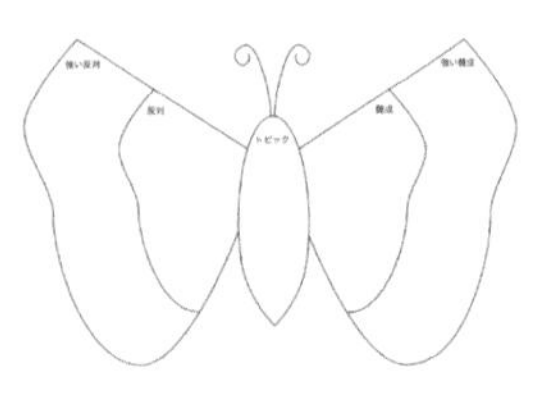 多面的に見たい情報について，賛成・強い賛成，反対・強い反対の視点で多面的に見る。	**視点の輪** 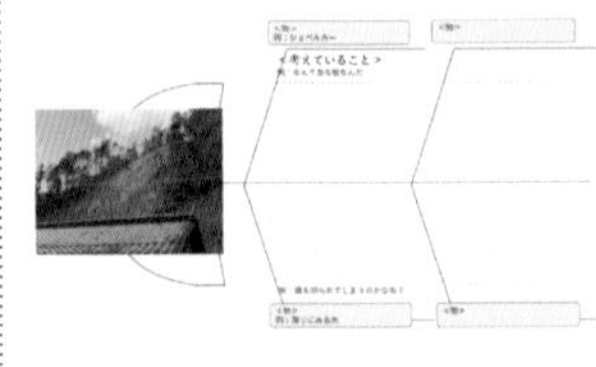 例えば，魚の頭にある写真に写っている物が何を見て，何を考えているのかを想像することにより一枚の写真を多面的にとらえることにつながる。

■思考スキルの型［多面的に見る］

理由付ける

シンキングツール	シンキングルーチン
クラゲチャート 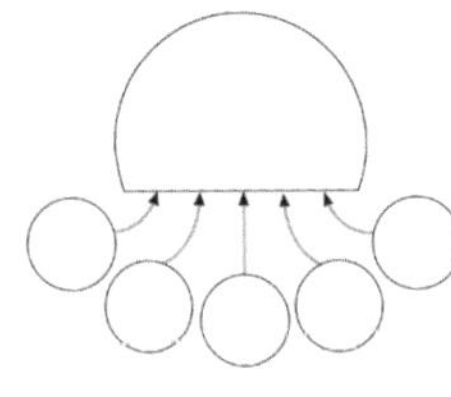 理由を考えたい情報をクラゲの頭に書き，その情報の根拠や，そう考えた理由をクラゲの足に書く。	**どうしてそういえるの？** 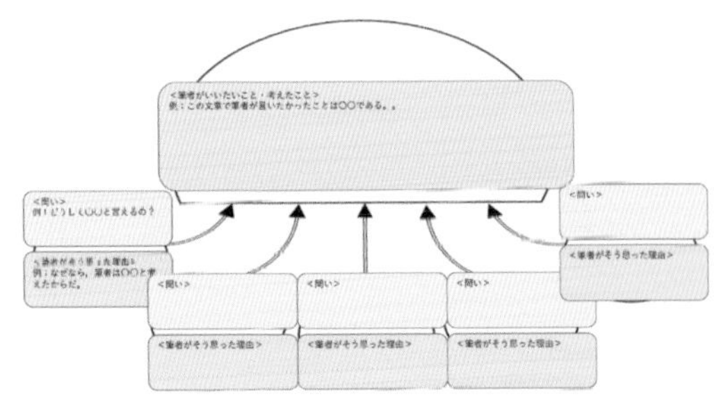 例えば，説明文を読む際に「どうしてそう言えるの？」と思うこと（問い）をクラゲに書き出していく。そして，筆者がそう思った理由が書かれていれば，クラゲの足に書き足す。足に書いた問いと理由を基に，文章を通して筆者が言いたいことを考え，クラゲの頭に書く。
バタフライチャート 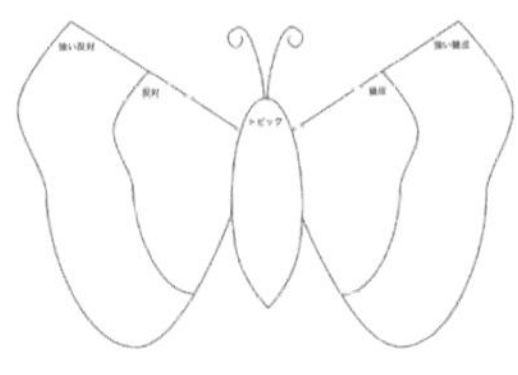 検討したい考えや事実を蝶の胴に書き，賛成する理由を左の羽に，反対する理由を右の羽に書く。	

■思考スキルの型［理由付ける］

●

抽象化する

シンキングツール

ピラミッドチャート

抽象化したい具体的な情報を一番下の段に書く。その情報から大切だと思う情報を，２段目に書く。２段目の情報から，最も重要だと思う情報を一番上に書いて抽象化する。

プロット図

クライマックス
上昇部
下降部
導入部
終末部

話や物語，映像資料などについて，導入部，上昇部，クライマックス，下降部，終末部を決め，それぞれの部分で大切な情報を書き，それらをつなげて抽象化する。

■思考スキルの型［抽象化する］

●

構造化する

シンキングツール

ピラミッドチャート

文章やプレゼンテーションの主張をピラミッドの一番上に書き，主張に対する考えを２段目，考えの根拠となる情報を３段目に書き，構造化する。

フィッシュボーンチャート

文章やプレゼンテーションの主張を魚の頭に書き，主張に対する考えを外骨，考えの根拠となる情報を内骨に書き，構造化する。

シンキングルーチン

主張　根拠　疑問

主張
例：日本は，海洋プラスチック問題に積極的に取り組むべきだ。
根拠
例：プラスチックストローを減らす取り組みがある。
疑問・考え
例：だんだんと減らしていくことで，生活を変えていく必要があるのではないかと思う。
例：どうして海にプラスチックが捨てられるのだろうか。

ピラミッドの一番上に一番言いたいことである「主張」を書く。次に２段目に主張に対する事実である「根拠」を書く。最後に３段目に「根拠」に対する「考え」や「疑問」を書き，構造化する。

■思考スキルの型［構造化する］

要約する

シンキングツール

プロット図

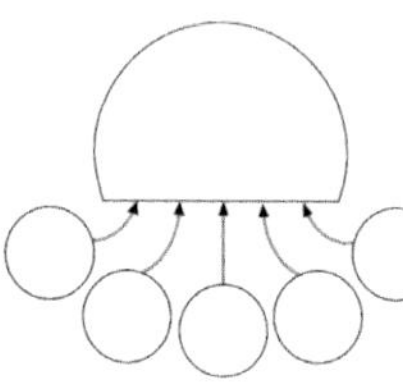

例えば，文章の段落ごとの要点を，プロット図に書き込み整理していくことで，文章を要約することができる。

クラゲチャート

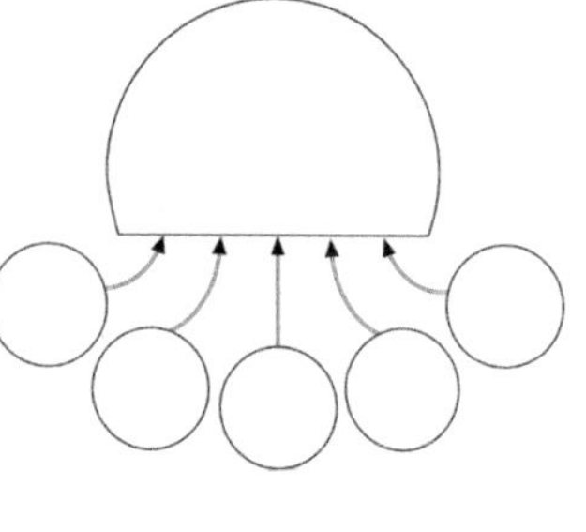

まず，クラゲの足の部分に，要約した文章や言葉を記述する。そして，それらの文章や言葉から必要な情報を選び，クラゲの頭の部分に要約していく。

シンキングルーチン

見出し

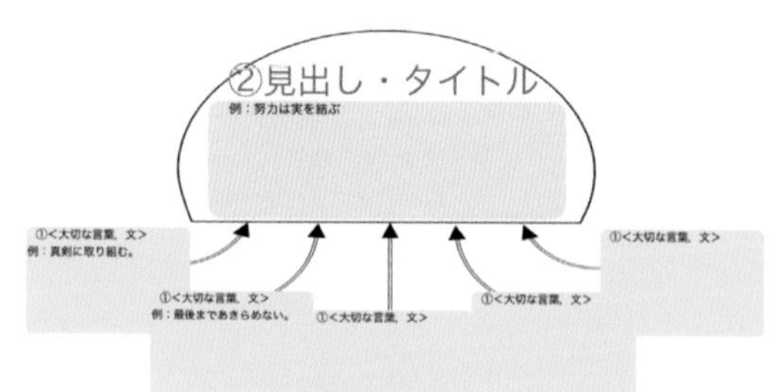

例として，文章を読んだ際に，心に残った言葉・文章，大切だと思った言葉・文章を選び，クラゲの足の部分①に左から順に書く。そして，それらの言葉・文章から重要である考えられる言葉を選び，まとめることを通して要約する。

■思考スキルの型［要約する］

価値付ける

シンキングツール

クラゲチャート

クラゲの頭に価値付けたい情報を書き，クラゲの足に，その情報がどの程度大切なのか，どのくらい役立つのか，どんな値打ちがあるのかを書き，価値付ける。

熊手チャート

左側に価値付けたい情報を書き，右側に，その情報がどの程度大切なのか，どのくらい役立つのか，どんな値打ちがあるのかを書き，価値付ける。

■思考スキルの型［価値付ける］

具体化する

シンキングツール

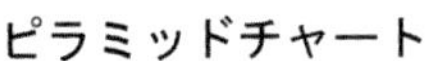

ピラミッドチャート

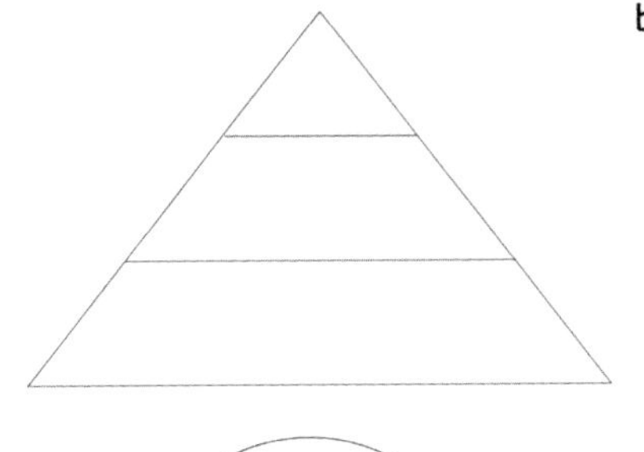

具体化したい情報を一番上の段に書く。その情報と関連する情報や連想される考えを２段目に書く。２段目の情報・考えから，考えられる具体例を３段目に書いて具体化する。

クラゲチャート

具体化した情報をクラゲの頭に書く。
その情報から思いつくこと，その情報と結びつく具体例をクラゲの足に書いて具体化する。

■思考スキルの型［具体化する］

評価する

シンキングツール

イメージマップ

評価することを真ん中に書き，その周りにうまくいったこと，うまくいかなかったこと，その理由を書いて評価する。

PMI

P プラス：Plus いいところ	M マイナス：Minus だめなところ	I インテレスティング：Interesting おもしろいところ

評価することのうまくいったこと（プラス面）をPに書き，うまくいかなかったこと（マイナス面）をMに書き，取り組んで面白かったと感じたことをことをIに書いて評価する。

シンキングルーチン

赤信号　黄信号

①赤信号	②黄信号	③青信号
例：○○については，本当に事実なのか?，根拠を示したほうがよい。	例：○○については，伝わりにくいので，もう少し文章を付け足した方が良い。	例：○○については，とても納得した。

例えば，自分が書いた文章を読み，修正が必要だと思うことを「赤信号」に書き，もう一度書き方などを考えた方が良いと思うことを「黄信号」に書く。また，よく書けていると思うことを「青信号」に書き，書いた文章を評価する。

■思考スキルの型［評価する］

変化をとらえる

シンキングツール

同心円チャート

変化をとらえたい事柄を中心に書き，変化したことを一つ外側の円に書く。そして，さらに変化したことをその一つ外側の円に書き，変化をとらえる。

ステップチャート

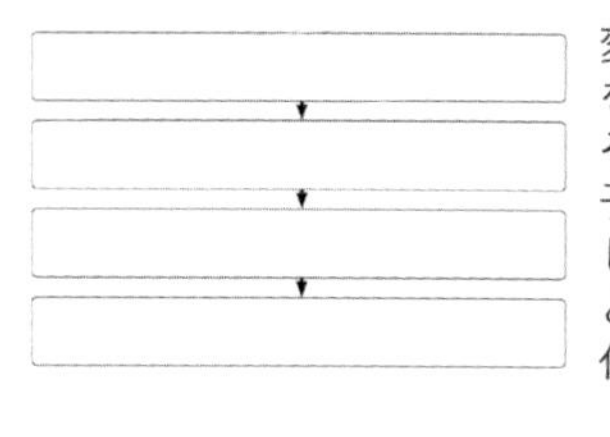

変化をとらえたい事柄を一番上の枠に書き，その事柄が変化した様子を次の枠に書く。そしてさらに変化したことを次の枠に書き，変化をとらえる。

シンキングルーチン

前の考え，今の考え

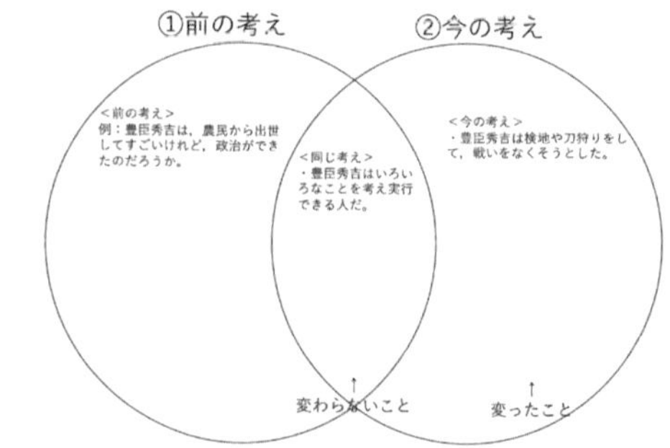

例として，授業を受ける前に，考えていたことを左の円に書く。そして，授業を受けて考えたことを右の円に書き，前の考えと今の考えを比較して，自分の考えの変化をとらえる。

■思考スキルの型［変化をとらえる］

応用する

シンキングツール

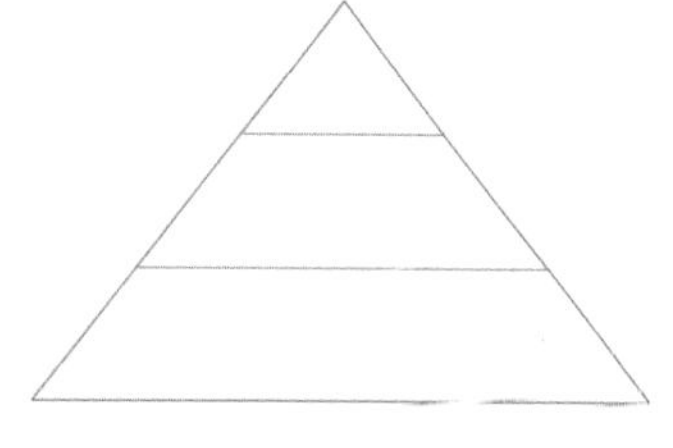

ピラミッドチャート

学習したことを振り返り，うまくいったことやうまくいかなかったことを一番下に書く，応用できそうなことを２段目に書く，次の単元や他教科の学習，日常生活に応用することを一番上に書く。

イメージマップ

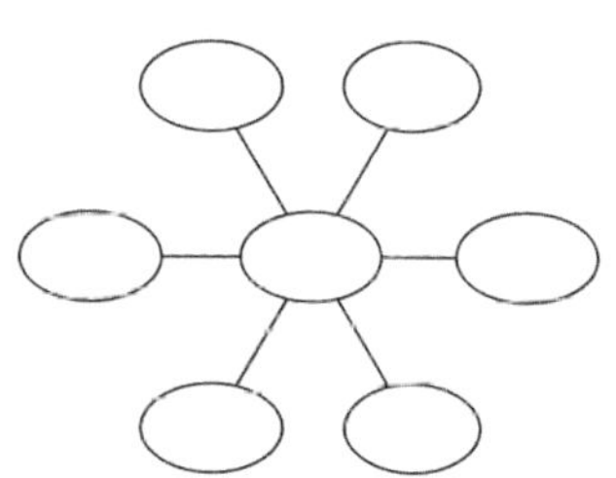

学習の目標や単元名を真ん中に書く。そして，その学習を通して，学んだこと，他の学習や日常生活に応用できそうなことを周りに書いて広げる。すぐに応用できそうなことに印や色をつけて強調する。

■思考スキルの型［応用する］

パワーチェックカードⅡ　Lv.1　　　　(　　　　　　　)

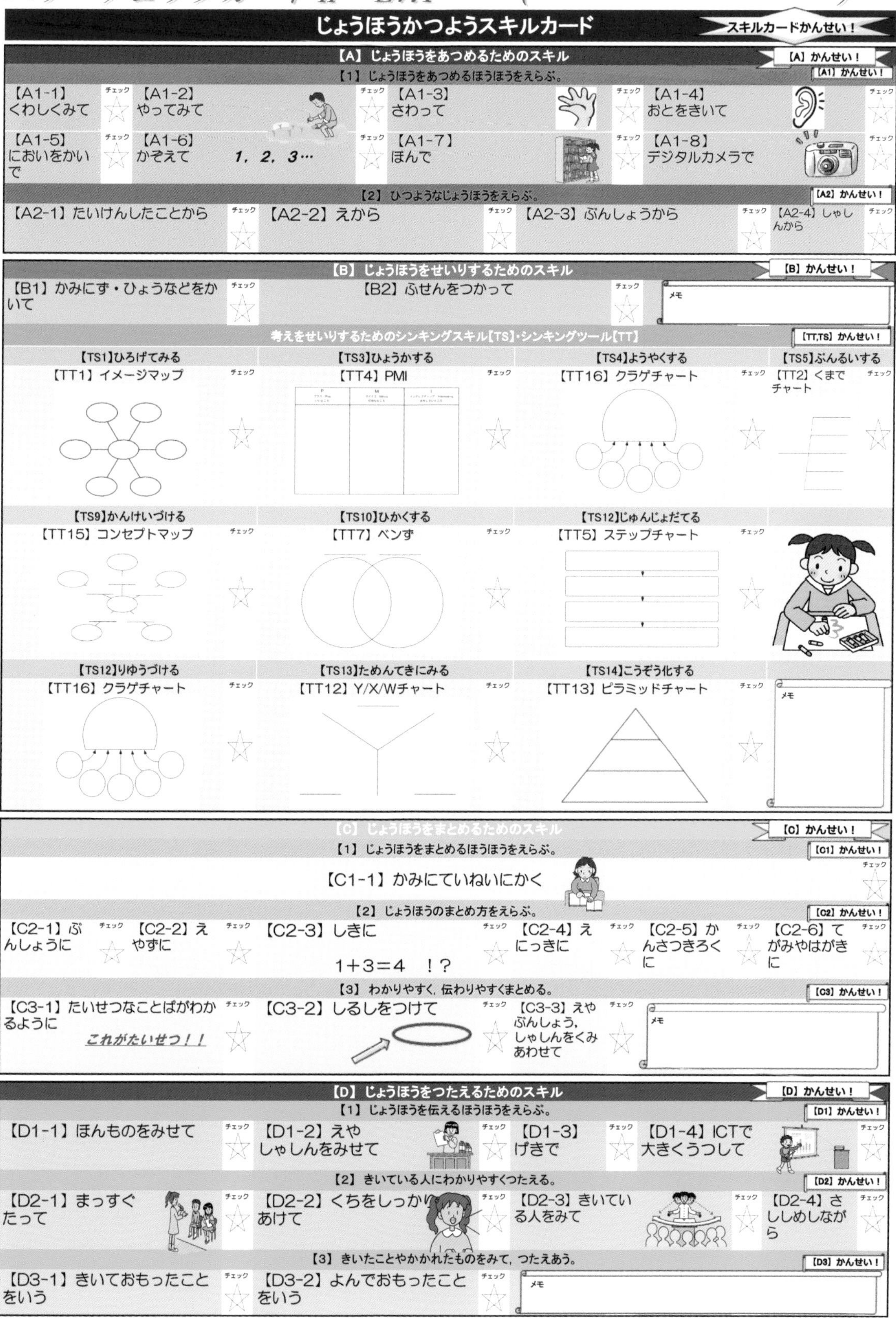

じょうほうかつようスキルカード

スキルカードかんせい！

【A】じょうほうをあつめるためのスキル

【A】かんせい！

【1】じょうほうをあつめるほうほうをえらぶ。 【A1】かんせい！

【A1-1】くわしくみて　チェック ☆
【A1-2】やってみて　チェック ☆
【A1-3】さわって　チェック ☆
【A1-4】おとをきいて　チェック ☆
【A1-5】においをかいで　チェック ☆
【A1-6】かぞえて　1，2，3…　チェック ☆
【A1-7】ほんで　チェック ☆
【A1-8】デジタルカメラで　チェック ☆

【2】ひつようなじょうほうをえらぶ。 【A2】かんせい！

【A2-1】たいけんしたことから　チェック ☆
【A2-2】えから　チェック ☆
【A2-3】ぶんしょうから　チェック ☆
【A2-4】しゃしんから　チェック ☆

【B】じょうほうをせいりするためのスキル

【B】かんせい！

【B1】かみにず・ひょうなどをかいて　チェック ☆
【B2】ふせんをつかって　チェック ☆
メモ

考えをせいりするためのシンキングスキル【TS】・シンキングツール【TT】 【TT,TS】かんせい！

【TS1】ひろげてみる　【TT1】イメージマップ　チェック ☆
【TS3】ひようかする　【TT4】PMI　チェック ☆
【TS4】ようやくする　【TT16】クラゲチャート　チェック ☆
【TS5】ぶんるいする　【TT2】くまでチャート　チェック ☆
【TS9】かんけいづける　【TT15】コンセプトマップ　チェック ☆
【TS10】ひかくする　【TT7】ベンず　チェック ☆
【TS12】じゅんじょだてる　【TT5】ステップチャート　チェック ☆
【TS12】りゆうづける　【TT16】クラゲチャート　チェック ☆
【TS13】ためんてきにみる　【TT12】Y/X/Wチャート　チェック ☆
【TS14】こうぞう化する　【TT13】ピラミッドチャート　チェック ☆
メモ

【C】じょうほうをまとめるためのスキル

【C】かんせい！

【1】じょうほうをまとめるほうほうをえらぶ。 【C1】かんせい！

【C1-1】かみにていねいにかく　チェック ☆

【2】じょうほうのまとめ方をえらぶ。 【C2】かんせい！

【C2-1】ぶんしょうに　チェック ☆
【C2-2】えやずに　チェック ☆
【C2-3】しきに　1＋3＝4　！？　チェック ☆
【C2-4】えにっきに　チェック ☆
【C2-5】かんさつきろくに　チェック ☆
【C2-6】てがみやはがきに　チェック ☆

【3】わかりやすく，伝わりやすくまとめる。 【C3】かんせい！

【C3-1】たいせつなことばがわかるように　*これがたいせつ！！*　チェック ☆
【C3-2】しるしをつけて　チェック ☆
【C3-3】えやぶんしょう，しゃしんをくみあわせて　チェック ☆
メモ

【D】じょうほうをつたえるためのスキル

【D】かんせい！

【1】じょうほうを伝えるほうほうをえらぶ。 【D1】かんせい！

【D1-1】ほんものをみせて　チェック ☆
【D1-2】えやしゃしんをみせて　チェック ☆
【D1-3】げきで　チェック ☆
【D1-4】ICTで大きくうつして　チェック ☆

【2】きいている人にわかりやすくつたえる。 【D2】かんせい！

【D2-1】まっすぐたって　チェック ☆
【D2-2】くちをしっかりあけて　チェック ☆
【D2-3】きいている人をみて　チェック ☆
【D2-4】さししめしながら　チェック ☆

【3】きいたことやかかれたものをみて，つたえあう。 【D3】かんせい！

【D3-1】きいておもったことをいう　チェック ☆
【D3-2】よんでおもったことをいう　チェック ☆
メモ

■情報活用スキルカード

パワーチェックカードII　Lv.2　（　　　　　）

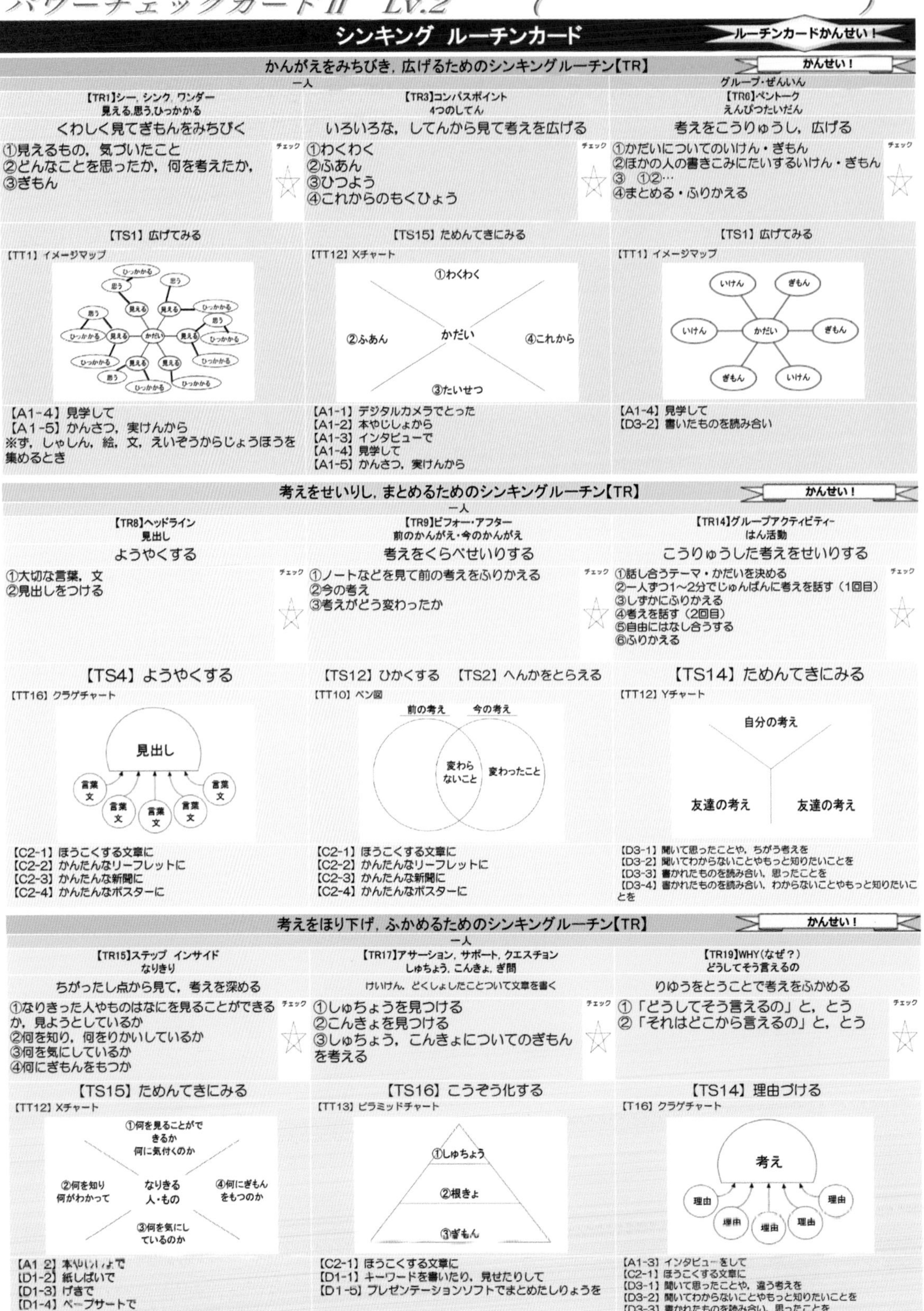

シンキング ルーチンカード

ルーチンカードかんせい！

かんがえをみちびき，広げるためのシンキングルーチン【TR】

かんせい！

一人	一人	グループ・ぜんいん
【TR1】シー，シンク，ワンダー 見える,思う,ひっかかる	【TR3】コンパスポイント 4つのしてん	【TR6】ペントーク えんぴつたいだん
くわしく見てぎもんをみちびく	いろいろな，してんから見て考えを広げる	考えをこうりゅうし，広げる
①見えるもの，気づいたこと ②どんなことを思ったか，何を考えたか， ③ぎもん チェック ☆	①わくわく ②ふあん ③ひつよう ④これからのもくひょう チェック ☆	①かだいについてのいけん・ぎもん ②ほかの人の書きこみにたいするいけん・ぎもん ③　①②… ④まとめる・ふりかえる チェック ☆
【TS1】広げてみる 【TT1】イメージマップ	【TS15】ためんてきにみる 【TT12】Xチャート	【TS1】広げてみる 【TT1】イメージマップ
【A1-4】見学して 【A1-5】かんさつ，実けんから ※ず，しゃしん，絵，文，えいぞうからじょうほうを集めるとき	【A1-1】デジタルカメラでとった 【A1-2】本やじしょから 【A1-3】インタビューで 【A1-4】見学して 【A1-5】かんさつ，実けんから	【A1-4】見学して 【D3-2】書いたものを読み合い

考えをせいりし，まとめるためのシンキングルーチン【TR】

かんせい！

一人	一人	一人
【TR8】ヘッドライン 見出し	【TR9】ビフォー・アフター 前のかんがえ・今のかんがえ	【TR14】グループアクティビティー はん活動
ようやくする	考えをくらべせいりする	こうりゅうした考えをせいりする
①大切な言葉，文 ②見出しをつける チェック ☆	①ノートなどを見て前の考えをふりかえる ②今の考え ③考えがどう変わったか チェック ☆	①話し合うテーマ・かだいを決める ②一人ずつ1～2分でじゅんばんに考えを話す（1回目） ③しずかにふりかえる ④考えを話す（2回目） ⑤自由にはなし合うする ⑥ふりかえる チェック ☆
【TS4】ようやくする 【TT16】クラゲチャート	【TS12】ひかくする　【TS2】へんかをとらえる 【TT10】ベン図	【TS14】ためんてきにみる 【TT12】Yチャート
【C2-1】ほうこくする文章に 【C2-2】かんたんなリーフレットに 【C2-3】かんたんな新聞に 【C2-4】かんたんなポスターに	【C2-1】ほうこくする文章に 【C2-2】かんたんなリーフレットに 【C2-3】かんたんな新聞に 【C2-4】かんたんなポスターに	【D3-1】聞いて思ったことや，ちがう考えを 【D3-2】聞いてわからないことやもっと知りたいことを 【D3-3】書かれたものを読み合い，思ったことを 【D3-4】書かれたものを読み合い，わからないことやもっと知りたいことを

考えをほり下げ，ふかめるためのシンキングルーチン【TR】

かんせい！

一人	一人	一人
【TR15】ステップ インサイド なりきり	【TR17】アサーション，サポート，クエスチョン しゅちょう，こんきょ，ぎ問	【TR19】WHY（なぜ？） どうしてそう言えるの
ちがったし点から見て，考えを深める	けいけん，どくしょしたことついて文章を書く	りゆうをとうことで考えをふかめる
①なりきった人やものはなにを見ることができるか，見ようとしているか ②何を知り，何をりかいしているか ③何を気にしているか ④何にぎもんをもつか チェック ☆	①しゅちょうを見つける ②こんきょを見つける ③しゅちょう，こんきょについてのぎもんを考える チェック ☆	①「どうしてそう言えるの」と，とう ②「それはどこから言えるの」と，とう チェック ☆
【TS15】ためんてきにみる 【TT12】Xチャート	【TS16】こうぞう化する 【TT13】ピラミッドチャート	【TS14】理由づける 【T16】クラゲチャート
【A1-2】本やじしょで 【D1-2】紙しばいで 【D1-3】げきで 【D1-4】ペープサートで ※文章，絵，写真，えいぞうからじょうほうを集める	【C2-1】ほうこくする文章に 【D1-1】キーワードを書いたり，見せたりして 【D1-5】プレゼンテーションソフトでまとめたしりょうを	【A1-3】インタビューをして 【C2-1】ほうこくする文章に 【D3-1】聞いて思ったことや，違う考えを 【D3-2】聞いてわからないことやもっと知りたいことを 【D3-3】書かれたものを読み合い，思ったことを 【D3-4】書かれたものを読み合い，わからないことやもっと知りたいことを

■シンキングルーチンカード

スライドの作成に関すること

番号	チェック項目	4	3	2	1
H					
1	文字の大きさはよかったか	すべてのスライドで大きく見やすい文字の大きさであった	文字が大きすぎたり、小さすぎたりするスライドが1、2枚あった	文字が大きすぎたり、小さすぎたりするスライドが何枚かあった	文字が大きすぎる、小さすぎて読めないスライドがほとんどであった
2	文字数はよかったか	すべてのスライドで聞き手がすぐに読めるぐらいの文字数であった	多くのスライドが、聞き手がすぐに読めるぐらいの文字数であった	文字数が多く、直ぐに読み取ることができないスライドが半分ほどあった	文字数が多く、すぐに読み取ることができないスライドがほとんどであった
3	文字の種類に工夫はあったか	スライドの全体を通して必要に応じて、聞き手に伝えたいことを強調するために効果的な文字の種類を工夫してあった	効果的な文字の種類の工夫がいくつかのスライドであった	文字の種類の工夫をしたスライドが一枚はあった	文字の種類に工夫がなかった
4	文字の色を変える・囲む・下線を引くなどの工夫はあったか	スライドの全体を通して必要に応じて、聞き手に伝えたいことを強調するために効果的に文字の色を変えたり，囲んだり，下線を引いたりして工夫してあった	伝える上で効果的な文字の色を変える・囲む・下線を引くなどの工夫がいくつかのスライドであった	伝える上で効果的に文字の色を変える・囲む・下線を引くなどの工夫をしたスライドが一枚はあった	文字の色を変える・囲む・下線を引くなどの工夫をしたスライドがなかった　または，効果的で無いものが多かった
5	文字と図や表に関連があったか	効果的に伝えられるようにスライドの全体を通して文字と図や表が関連していた	効果的に伝える上での文字と図や表があるスライドのほとんどの文字や図や表が関連していた	文字と図や表に関連があるスライドが一枚はあった	文字と図や表の関連がないスライドがほとんどであった
I					
1	図や表がわかりやすく入っていたか	すべての図や表が聞き手にとって、見やすくわかりやすい（読み取りやすい）ように工夫されたものであった	図や表があるスライドのうち、多くのスライドの図や表が見やすくわかりやすいように工夫されたものであった	見にくい図や表があった	ほぼ全ての図や表が見やすくなかった
2	わかりやすい文章であったか	スライド全体を通して書かれている文章の全てが短く、読みやすくでわかりやすい文章であった	文章が長かったり、わかりにくい文章が１程度あった	文章が長かったり、わかりにくい文章が５程度あった	ほとんどの文章が長く、読み取り・理解しにくい文章であった
3	背景と文字や図表との関係はよかったか	全てのスライドで背景の色と文字や図表との関係がよく見やすいスライドであった	ほぼ、全てのスライドで背景の色と文字や図表との関係がよく見やすいスライドであった	半分ほどのスライドで背景の色と文字や図表との関係がよく見やすいスライドであった	背景の色と文字や図表との関係がよくなく見みくいスライドがほとんどであった
4	スライドの切り替えのタイミングやアニメーション，効果音は効果的であったか	全てのスライドで話の流れを考えてスライドを切り替えていたとともに、アニメーションや効果音があった場合は伝える上で効果的につけていた	ほぼ、全てのスライドで話の流れを考えてスライドを切り替えていたとともに、アニメーションや効果音があった場合は効果的につけていた	半分ほどのスライドで話の流れを考えてスライドを切り替えていたとともに、アニメーションや効果音がある場合は効果的につけていた	話の流れを考えてスライドを切り替えられていなかった、アニメーションや効果音があった場合は効果的ではなかった
J					
1	スライドの順番、構成はよかったか（タイトル・目次・内容・まとめ）	聞き手を意識した、プレゼンテーションの構成であり、スライドの順番を工夫し，全てのスライドにつながりを考えて作られていた	プレゼンテーションの構成を考え、スライドの順番を工夫して作られていた	基本的なプレゼンテーションの構成は考えられていたが内容がよく伝わるようなスライドの順序ではなかった	プレゼンテーションの構成やスライドの順番が考えられていなかった
2	スライドは見やすくできていたか（情報量・レイアウト）	全てのスライドがちょうどよい情報量でレイアウトも見やすく工夫されていた	ほぼ、全てのスライドでちょうどよい情報量でレイアウトも見やすく工夫されていた	半分ほどのスライドがちょうどよい情報量でレイアウトも工夫されていた	見やすいスライドがあまりなかった

■プレゼンテーションパワーチェックカード「スライドの作成に関すること」

方法に関すること

番号	チェック項目	4	3	2	1
A					
1	しっかり声が聞こえていたか	全ての場面で全ての言葉がとてもよくきこえていた	聞こえにくいところが，２文程度あったがそれ以外はよくきこえていた	聞こえにくいところが，半分以上あった	多くの場面で聞こえにくかった
2	元気で明るい声だったか	全ての場面で元気で明るい声だった	明るくない部分が２箇所程あったがそれ以外は明るい声だった	あまり元気がない場面が発表時間の半分以上であった	多くの場面で元気がなかった
B					
1	はっきりわかりやすく、つまらずに話せていたか	全ての場面でつまらず、大変はっきりとわかりやすく話せていた	何回かつまることはあったが、はっきりとわかりやすく話せていた	所々でつまり、あまりはっきりと話せていなかった	よくつまり、何を話しているのかがわからなかった
C					
1	抑揚があったか	聞き手の反応を見ながら、伝えたい部分がわかるように抑揚をつけていた	発表前に考えていた抑揚が効果的につけられており聞きやすかった	抑揚があったが効果的な抑揚ではなかった	抑揚がなかった
D					
1	話す速さはよかったか	聞き手の反応をみて速さを工夫していた	ちょうどよい速さだった	すこし、早かったり遅かったりしていて、聞きづらかった	早かったり、遅かったりして、聞き取りにくかった
E					
1	間はとっていたか	聞き手が注目するように反応を見ながらうまく間をとっていた	前もって考えていたところで間をとっていた	間をとっていないところが多かった	間をとっていないかった
F					
1	緩急（ゆっくり言ったり，はやく言ったり）があったか	聞き手の反応に合わせて、伝えたところをゆっくり言ったり、くり返しているところをはやくいったりする工夫をしていた	伝えたいところをゆっくり言ったり早く言ったりしていた	少しの場面でスピードの変化があった	いつも同じスピードだった
2	声の高さや低さ・強さや弱さの変化があったか	聞き手の反応に合わせて、伝えたいことを考え強く話したり、静かに話したりする工夫をしていた	事前に考えていた部分で効果的に強く話したり、静かに話したりしていた	すこし変化があった	いつも同じ声の高さだった
G					
1	笑顔で楽しそうに話すことができたか	ほとんどの場面で笑顔を中心に，伝えたいことにあった表情で工夫して伝えていた	笑顔で楽しそうに伝えていた	笑顔でない場面が多かった	笑顔でなかった
2	聞き手と目を合わせて話していたか（アイコンタクト）	発表中はいつも，聞き手の反応を見ながら、全員と目を合わせようとしていた	発表の半分ぐらいの時間に，聞き手と目を合わそうとしていた	少しの時間，聞き手見ていたがほぼ聞き手と目を合わそうとしていなかった	聞き手の方を見ていなかった
3	スライドを指し示しながら話していたいか	聞き手の反応を見ながら、スライドの伝えたい部分を指し示して伝えていた	事前に決めておいたスライドの伝えたい部分を効果的に指し示しながら伝えていた	所々で指し示そうとしていたが，あまり指し示している様子はなかった	指し示していなかった
4	身ぶり手ぶりを入れて話していたか	効果的に身ぶりや手ぶりを入れ，発表がより伝わりやすくなっていた	身ぶりや手ぶりをして話していた	身ぶりや手ぶりをしていたが，効果的でなかった（無い方がよかった）	全く身ぶり手ぶりがなかった

■プレゼンテーションパワーチェックカード（詳細版）「方法に関すること」

セルフラーニングカード Lv,1 (　　　　　　　)

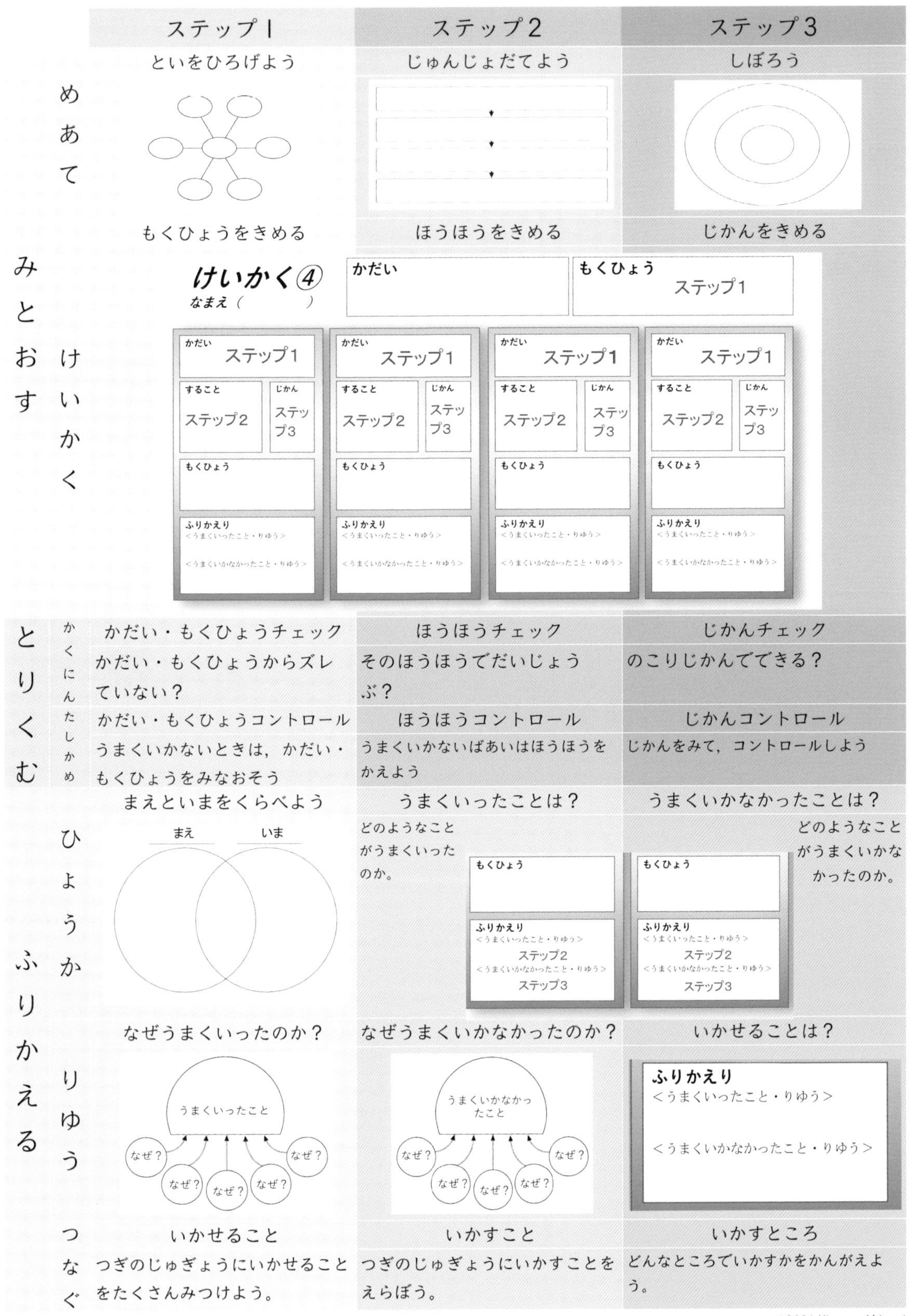

■自己調整スキルの型「セルフラーニングカード」

AK-Learning Teacher card （　　　　　　）

		見通す		実行する						振り返る		
Learning Processes	自己調整	見通す		実行する						振り返る		
	探究	課題の設定		情報の収集		整理・分析		まとめ・表現		振り返り		
	単元縦断型	問いを見出す	解決策を考える	情報を収集する	情報を関連づける	情報を吟味する	考えをつくる	新たな価値を創造する	価値を発信する	振り返る		
Learning Skills	自己調整スキル	目標設定 →長期目標を設定する力	計画立案 →長期目標の達成に向けて方法や方略を選択するとともに活動の時間配分を考える力	1時間ごとに以下の3つの段階で，自己調整スキルを育成する。						自己評価 →創り出した価値を目標と比較し，評価する力	帰属 →評価結果の原因や理由を考え出す力	適用 →評価の分析を基に次の学習目標に生かす力
				<導入> 目標設定 →長期目標を基に短期目標を設定する力 計画立案 →短期目標の達成に向け，方法や方略を選択肢，活動の時間配分を考える力		<展開> 確認 →短期目標の達成状況や時間配分を確認する力 調節 →短期目標の達成状況や時間配分を基に学習を調節する力		<まとめ> 自己評価 →創り出した価値を目標と比較し，評価する力 帰属 →評価結果の原因や理由を考え出す力 適用 →評価の分析を基に次の学習目標に生かす力				
	自己調整スキル Trainings	問いを広げ，目標を立てよう	学習計画を立てよう	問いを広げ，目標を立てよう 学習計画を立てよう		学習中にチェックしよう	学習をコントロールしよう	学習を評価しよう なぜを考えよう 次の学習につなげよう		学習を評価しよう	なぜを考えよう	次の学習につなげよう
		セルフラーニングカード→										
	情報活用スキル	課題設定 →課題設定する力	計画 →学習の計画を立てる力	収集 →適切な方法で情報を集め，必要な情報を選択する力	整理 →情報を関連づけたり，比較したりする力	分析 →情報を多面的に見たり，分類したりする力	表現 →情報をわかりまとめる力	創造 →新たな価値を創り出す力	発信 →情報をわかりやすく伝える力	評価 →活動や価値を判断する力	改善 →情報を基に活動や価値を修正する力	
	情報活用スキル Support Tools	ラーニングプロセスカード 情報活用スキルカード → シンギングルーチンカード → レギュレイトフォーム 情報ハンドブック						プレゼンテーションパワーチェックカード		ラーニングプロセスカード	レギュレイトフォーム	
			1年	2年	3年	4年	5年	6年				
	NHK学校放送番組		動画で伝える技（1）	インタビュー 写真撮影 インターネット検索	情報を整理する 動画で伝える技（2）	考えを整理する 表とグラフで表現する		プレゼンテーションを作る 新聞を作る 動画で伝える技（3）	話す力を高める 具体的に伝える			
	NHK学校放送番組 演習教材			インタビュー 写真撮影 インターネット検索	情報を整理する	考えを整理する 表とグラフで表現する		プレゼンテーションを作る 新聞を作る	話す力を高める 具体的に伝える			
	家庭での自主学習	テーマを決める	学習計画を立てる	情報を集める		情報を整理する		情報をまとめる	情報を伝える	学習を振り返る		
	思考スキル	広げてみる 分類する 順序立てる 焦点化する	順序立てる 見通す	関係付ける	関連付ける 比較する	多面的にみる 分類する	理由付ける 抽象化する 構造化する	要約する 価値付ける 具体化する	順序立てる 理由付ける	評価する 変化を捉える	理由付ける	応用する
	シンキングツール	イメージマップ Y/X/Wチャート ステップチャート 同心円チャート	ステップチャート KWL	熊手チャート フィッシュボーン コンセプトマップ	熊手チャート フィッシュボーン イメージマップ コンセプトマップ	Y/X/Wチャート	クラゲチャート ピラミッドチャート	マトリクス	ステップチャート	ベン図 PMI	クラゲチャート	座標軸
	シンキングルーチン	See-Think-Wonder Compass Point Zoom In 3-2-1Bridge	Think-Puzzle-Explore	The 4C's Comcept map	Concept Maps Connect-Extend-	Connection-Extend-Challenge Step inside Circle of viewpoint	What Makes You Say That The Explanation Game Claim-Support-Question	Headline Color Symbol Image	What Makes You Say That	I Use to think… Now I think Red light Yellow light	What Makes You Say That	Tag of War
Learning Activities		課題から考えられる問い（疑問，気づき，調べたいこと）を広げる。 広げた問いをグループをつくり分類する。 興味深い問い，重要度が高いと考えられる問いから優先順位をつける。 解決に取り組む問いに焦点化して長期課題と本学習に対する長期目標を設定する。	長期課題を解決し，長期目標を達成するための1時間毎の課題を決め，それらを順序立てる。 課題を解決し，目標を達成するための方法や方略を決める。 それぞれの活動の時間配分を考える。	1時間ごとに以下の3つの段階で，自己調整スキルを育成する活動を実施する。						創造した価値と目標を比較しながら自分自身の変化をとらえるとともに，学習の方法や方略が適切であったのかを「うまくいったこと」「うまくいかなかったこと」の視点で学習を評価をする。	評価結果を分析し，なぜそのような結果になったのかの原因や理由を考える。	評価の分析を基に，創造した価値の改善策を考えるとともに，今後の学習に活かせることや，次の学習の目標について考える。
				<導入> 本時の課題を解決するために，「見通す」で立てた長期目標や学習計画及び，前時の学習を振り返り，この時間の短期目標を設定する。		<展開> 設定した目標を基に，目標の達成状況と時間配分を比較しながら学習を進めたり，必要に応じて援助を要請したりしながら学習を進める。		<まとめ> 自身の学習の遂行を振り返る際に，学習の方法や方略が適切であったのかを「うまくいったこと」「うまくいかなかったこと」の視点で評価し，なぜそのような結果になったのか，次に生かせることは何かを考える。				
				課題解決に必要な情報を，実物，書籍，インターネット，調査，実験等の方法で収集する。 必要な情報を取り出す際は，課題や目標との関係を考えながら判断し，必要な情報を取り出す。	収集した情報と情報，情報と知識を比較し，関連付ける。	関連付いた情報を，他の視点の見方・考え方で多面的に見直し，分類することを通して吟味する。	分類の理由付けをしたり，吟味した情報を抽象化したりして事実に対する考察を表現するとともに，それらを構造化して考えをつくる。	構造化した考えを他者に伝わるように，要約したり，図や表などに変換したり，具体例を示したりするなどして，文書資料やプレゼンテーション資料，動画資料などの資料や，プレゼンテーションなどのパフォーマンス，技術的・芸術的な作品などの新たな価値を創造する。	創造した価値（資料・パフォーマンス・作品）を他者にわかりやすく伝えために伝える順序を考えたり，なぜそのように考えたのかの理由を示したりしながら伝える。			

■ AK-Learning Teacher Card